성병두의
부산시정야사

인물편

출간의 변

성병두 저자

기록은 역사를 만든다

1945년 해방을 맞은 지 70년이 훌쩍 지났다.

그동안 나라는 6·25전쟁의 잿더미에서 털고 일어나 보릿고개라는 가난의 굴레를 벗어던지고 산업화·민주화의 고개를 넘어 선진국으로 진입했다.

그리고 우리나라 제2 도시 부산은 20여 명의 시장들이 바톤을 주고받으며 고지대 판잣집을 허물고 아파트를 지었으며 지하철 시대를 열고 거대한 공단을 조성했다.

부산 기업인들은 섬유, 신발, 합판, 조선을 비롯한 여러 분야에서 기적 같은 신화를 창조했다.

나는 이와 같은 우리들의 땀과 고통과 보람이 배어있는 기록물들이 세월과 함께 잊혀지고 사라지는 것이 안타까웠다.

집을 짓고 도로를 내고 다리를 놓는 것이야 세월이 지나도 할 수 있지만, 기록물이 없어지면 영영 회복이 불가능한 것이다.

그래서 1984년 부산직할시 기획담당관 때 직원들과 함께『직할시 20년』이란 자료집을 편찬하고 1993년 기획관리실장 때는 『직할시 30년』이란 후속편을 펴냈다. 뿐만 아니라 부산상공회의소 재직시절엔 국제신문에「부산시정야사」를, 부산일보에「경제야사」를 연재했다. 이를 엮어 두 권의 야사집을 펴냈지만, 그것은 너무나 단편적이었다.

이번에 펴내는 〈인물편〉은 1945년 해방 이후의 역대 부산시장과 상의회장을 중심으로 그들의 이야기들을 엮어보았다.

부족하고 부실한 점 추후 바로잡겠다.

그리고 이 책 이후의 후속편이 누군가에 의하여 면면히 이어졌으면 하는 바람이다.

끝으로 이 책을 정성 들여 출간해준 기록물 편찬 전문회사 미디어줌 박미화 대표와 직원 여러분께 감사드린다.

추천의 글

허남식 전 부산광역시장

부산 시정사 대가(大家)의 열정적 인물사

"개인의 역사는 곧 세계사"라는 말이 있다. 역사는 살아있는 사람의 기억이고, 사람들은 기록을 통해 기억하며, 그 기억은 역사가 되는 것이다. 『성병두의 부산시정야사 - 인물편』을 보며, 기록의 중요성을 절감한다. 이 책자는 부산시정과 부산상의의 숨은 역사를 함께 투영하는, 진중한 작업의 귀중한 결실이다.

알려진 대로, 성병두 대선배는 부산시정 기록의 대가(大家)이시다. 부산시 기획관리실장과 부산상의 상근부회장을 역임하며, '부산시정 야사(野史)' 정리에 선구적 획을 그은 선각자시다. 대선배께서 기록하여 출간한『부산시정야사』와『부산경제야사』는, 부산으로선 특출한 '위대한 기록'이다. 대선배께선 거기에, 부산시정 및 부산상의 야사 중 인물편을 마저 기록, 발간하는 것이다.

이번 책자에선, 부산시장 편에서 직할시 이전 시장 아홉 분과 부산직할시장 열여섯 분, 부산상의 회장 아홉 분의 인물사를 기록하고 있다. 김현옥 첫 부산직할시장의 '군복 입고 시장 취임', 박영수 시장의 '임명직 최장수 시장' 같은 글은 정사(正史)에 없는 역사적 기록이다. 부산상의 강병중 회장의 '타이어왕국', '월석(月石)의 노익장' 같은 글은 지역경제의 이익을 위해서라면 물불 가리지 않은 그 역정을 생생하게 기록한 역사다.

두루 반길 것이다. 대선배께서 이 작업을 완성하는 것을. 그 분은 부산시 재임 때, 오직 시정 발전에 열정을 쏟으며 핵심 보직을 두루 거친 분이다. 강한 기억력에 특출한 필치로 시집, 수필집과 회고록을 출간한 걸출한 글쟁이다. 나는 사무관 때 그분을 기획관으로 모시고 『부산직할시 20년』 자료집을 발간하며, 그 분의 열정과 역량을 본 바 있다. 그의 역작이니, 이번 책자는 또 얼마나 알차고 재미있겠나.

대선배는 고백한다. '우리들의 땀·고통·보람이 배어있는 기록들이 세월과 함께 잊혀지고 사라지는 것이 안타까웠다'고, '기록물이 없어지면 영영 회복이 불가능한 것'이라고. 시정사 기록에 대한 대선배의 열정과 노력이 정말 감사하고 존경스럽다.

올해 미수(米壽), 성병두 대선배의 건승을 기원하며, 부산에 관심 있는 분들의 일독을 권한다.

역대 부산시장과 부산상공회의소 회장

경남도 산하 시장

양성봉

정종철

김주학

손영수

최병규

배상갑

이근용

김종규

변재갑

부산직할시 시장

김현옥

김대만

김덕엽

최두열

박영수

최석원

손재식

김무연

최종호

| 정채진 | 김주호 | 강태홍 |

| 안상영 | 김영환 | 박부찬 |

정문화

부산상의 상임의원	부산상공회의소 회장	
 안희제	 김지태	 이연재
 신덕균	 박선기	 신중달
 강석진	 양정모	 강병중

차 례

1부 | 부산시장편

경남도 산하 시장

양성봉 · 26 ── · 해방의 소용돌이
· 최초의 부산시장
· 둘째 누나 양한나

정종철 · 34

김주학 · 37 ── · 날벼락 감투
· 난장판 임시수도

손영수 · 40

최병규 · 42

배상갑 · 44

이근용 · 47

김종규 · 50 ── · 4·19의 혜성
(민선)

변재갑 · 54 ── · 5·16의 회오리바람

부산직할시 시장

김현옥 · 58
- 군복 입고 시장 취임
- 직할시 산고(産苦)
- 김 시장의 한문 일화
- 서기가 계장님?
- 김 시장과 미삼주(尾蔘酒)집
- 김 시장의 수출명령장
- 부두지구 구획정리사업
- 망양로(望洋路) 건설
- 중앙광로 계획의 좌절
- 불도저 시장의 영전
- 한강 개발과 산림 녹화
- 김형욱과의 갈등설
- 인생 갈무리

차 례

김대만 · 83
- 순탄한 공직 출발
- 대단위 아파트 건설
- 영도다리 고착 사연
- 전차 퇴출
- 시립 공원묘지
- 대신공원 철조망
- 제2별관
- 뇌물사건으로 구속
- 측근 관리

김덕엽 · 98
- 햇불 들고 산업도로 건설
- 노견(路肩)이 뭐꼬?
- 시청 이전 엉터리 기공식
- 저가 아파트 기공식
- 범일 고가도로 공사
- 요란한 대통령 순시 준비

최두열 · 109 ── · 고등고시 양과 합격
· 최두열과 김현옥의 인연
· 범일 고가도로 공사 중단
· 시립박물관 기공
· 동래별장에 앰뷸런스 대기
· 노포동 골프장 건설
· 노동청의 기틀을 잡다
· 마지막 도전과 실패

박영수 · 119 ── · 임명직 최장수 시장
· 박 시장의 줄담배
· 구덕수원지 붕괴
· 박 시장과 정 총장
· 청과시장 아주머니들의 데모
· 개인택시 탄생
· 큰아들 비밀 결혼식
· 박 시장의 대통령 순시 준비
· 빛나는 생애

차 례

최석원 · 135 ── · 세 번째 경찰 출신 시장
· 친한 사람 역차별(逆差別)?
· 중요한 것은 기안 갑지에 써라
· 대통령의 친인척
· 감천동 문화마을 탄생비화
· 새마을 식수헌금 헛발질
· 시화, 시목, 시조 결정
· 대통령의 분향소

손재식 · 148 ── · 모범적인 공무원상
· 손 시장과 새마을사업
· 숙청의 회오리
· 지하철시대 개막
· 나환자촌 목욕탕
· 본받고 싶은 공복상
· 시장직을 떠난 뒤에

김무연 · 156 ── · 안동 사투리
· 와 반배(返杯) 안 하노!
· 과장 일곱 명 일본 출장
· 만년의 생애

최종호 · 161 ── · 그가 걸어온 길
· 당정협의회의 고함소리
· 충혼탑 건립
· 분뇨처리와 해양투기
· 해원상생(解冤相生)
· 부산시 직원 체육대회
· 지하철 3단계 공사
· 아흔에 잡은 화필

정채진 · 172 ── · 입지전적인 생애
· 수영강 정화
· 임기 중 사건 사고

김주호 · 175 ── · 총무과장 떠난 사연

차 례

강태홍 · 177 ─── · 부산 출신 부산시장
· 6·10항쟁 때의 담화문
· 민주화의 소용돌이
· 서면 롯데호텔 허가
· 화장장 불 끈 사연
· 초대 시의원

안상영 · 184 ─── · 기적 같은 등장
· 인공섬 건설 추진
· 제2의 전성기
· 로터리 적송군락
· 광역교통망 구축
· 시장의 말투
· 갑자기 찾아온 불행

김영환 · 192 ─── · 화려한 공직생활
· 신항만 건설의 깃발
· 동서고가도로 건설
· 컨테이너세(稅) 신설 확정
· 수영강 정비공사

- 해운대 신시가지 기공
- 제6차 상수도 확장사업
- 초원복국집 사건
- 학 같은 노후

박부찬 · 200 ── · 서울 법대와 행정고시
- 화려한 공직생활

정문화 · 202 ── · 구포 열차 전복사고
- 해상신도시 건설 백지화 선언
- 시립 화장장 건립
- 쓰레기 매립장 확보
- 시청사 이전
- 해운대 신시가지 지역난방 문제
- 을숙도를 시유지로
- 덕산정수장 먹물 소동
- 정계 진출 두주불사
- 어떤 50년

2부 | 부산상공회의소 회장편

안희제 · 218
(상임의원)
- 28세 때 부산과의 인연
- 백산상회 설립
- 독립 자금 지원·연락책
- 중외일보 인수와 발해농장 창설
- 백산기념관
- 독립투사의 비애

김지태 · 225
- 부산 좌천동 출생
- '동척' 불하 땅 2만 평
- 지기(紙器) 회사 번창
- '조선견직'과 '삼화고무'
- 한국생사
- '조방낙면' 사건
- 출혈수출로 내리막
- 1946년 부산상공회의소 초대 회장
- 2·3대 국회의원

- 신문 방송에도 큰 족적 남겨
- 부산박물관 운영위원장

이연재 · 236
- 일본 우산공장 견습공
- '조선양산', '홍아타이어' 설립
- 상의에 건물 기증

신덕균 · 241
- 와세다대 졸업한 가덕도 출신
- 지식인의 갈등
- 장사꾼의 길
- 한국의 곡물왕
- '동방흥업' 설립, 수산업 진출
- 부산상공회의소 2대·3대 회장 연임
- 눌원(訥園)문화재단
- 소천하던 날

차 례

박선기 · 251 —— · 대선발효 사장
· 6·25전쟁 특수
· 오사카 시찰 중 51세로 타계

신중달 · 256 —— · 조개표석유
· YS와 선거전
· 신 회장이 공약한 사상공단 기공식

강석진 · 261 —— · 고향 떠나 무작정 부산행
· 견습공 3년 후 동명제재소 간판
· 전쟁특수로 급성장
· 3년 연속 수출왕
· 11년간 부산상의 회장
· 미나카이 건물 인수작전
· 운전기사의 연줄
· 4천600만 원 매입, 42억 원에 매각
· 호화 묘역 구설수
· 5공 때 동명목재 문 닫아
· 동명불원서 4년 기거, 78세 타계

양정모 · 275

- 아버지 양태진의 시대
- 부산공고 수석 졸업
- 광복 후 장사로 거금 모아
- 부친에게 뺨 맞아가며 고무신 고집
- 28세 때 국제고무공업사 창업
- 부친 옛날 반대 잊고 자금 지원
- 국제화학 대화재
- 진양화학 분리
- 사상공장 건설
- 사상공장, 전국 신발 20% 차지
- 계열사 20여 개
- 여공들에 배움의 길
- 세계 최대의 신발공장
- 무너진 왕국의 비화
- 부산상의 회장

차 례

강병중 · 292
- 타이어 왕국
- 고난의 시절
- 저돌적 기질
- 평생의 반려자
- 옥정운수
- 흥아타이어
- 우성타이어 인수
- 넥센타이어
- KNN 방송사
- 부산상공회의소 회장
- 삼성자동차 유치 전쟁
- 한국선물거래소 유치 비화
- 지방세 5배 중과 폐지
- 기장군 부산 편입 이면 활동
- 칭다오(靑島) 직항로 개설
- 회관 관리와 인력 감축
- 월석(月石)의 노익장

1부 | 부산시장편

경남도
산하 시장

양성봉	1946. 1. 24. ~ 1948. 11. 6.
정종철	1948. 11. 7. ~ 1950. 4. 20.
김주학	1950. 4. 21. ~ 1952. 5. 7.
손영수	1952. 5. 8. ~ 1954. 7. 9.
최병규	1954. 7. 23. ~ 1955. 2. 13.
배상갑	1955. 5. 24. ~ 1960. 5. 10.
이근용	1960. 5. 16. ~ 1960. 12. 26.
김종규	1960. 12. 27. ~ 1961. 5. 24.
변재갑	1961. 5. 25. ~ 1962. 4. 20.

양성봉 부윤
梁聖奉
1946.1.24. ~ 1948.11.6.
2년 10개월

해방의 소용돌이

양성봉 부윤(시장)을 이야기 하기 전에 1945년 해방 당시 부산의 실상부터 살펴보자.

해방 직전 부산의 인구는 약 30만 명이고 일본인은 20%쯤 되는 6만 명 정도였다.

부산부(시) 산하 공무원은 1천430명 중 한국인은 130명이었다. 이 무렵 영주동에 있던 일본군 부산 요새(要塞) 사령부는 미군이 부산에 진주한 1945년 9월 16일까지 존속했는데 미군들이 들어오자 사령관은 스스로 할복 자살하고 무장해제 되었다.

미군이 진주한 후에도 부산으로 몰려든 일본인 수는 10월 15일 현재 2만 2천 명 정도, 부산으로 퇴각 철수한 일본군 3만 명 내외, 거기다 일본인 거주자 6만여 명까지 합치면 10여만 명의 일본인들이 본국으로 귀국하기 위해 북새통을 이루고 있었다.

그런 와중에 변두리에 살던 부산시민들 간에는 일본인들이 남겨놓고 떠난 광복동의 상가, 동광동의 회사와 은행, 신창동의 양조장, 부평동의 시장, 대교동의 창고, 충무동의 어시장, 보수동의 저택 등을 먼저 차지하려고 아귀다툼이 벌어졌다.

한편 일본과 동남아 등지에서 부산 부두로 상륙하는 귀환동포들에게는 1인당 1천 원씩 무려 80만 명에게 지급했다는데, 그들중 마땅한 연고지를 찾아갈 곳이 없는 사람들이 변두리 산비탈에 움막 같은 가건물을 짓고 눌러 살았다.

정국은 좌익과 우익으로 갈라져 싸우고 미군정 기간 중 그들과의 의사소통은 통역관들에게 의존할 수밖에 없어, 통역관 전성시대가 상당 기간 지속되었다.

8·15 직후의 나라 상황이나 부산 모습은 해방이 되었다고 만세는 불렀지만 참으로 암담하기 그지 없었다.

최초의 부산시장

부산의 초대 시장은 누구인가? 간단한 문제 같으면서도 조금은 복잡하다. 해방 직후 미군정 치하에서 임명된 부윤(府尹, 오늘날의 시장)이 있는가 하면, 정부 수립 후 임명된 시장, 시의회에서 선출된 시장, 시민이 뽑은 민선시장도 있다. 그리고 조직 계층상으로는 경상남도 산하의 시장도 있고 정부 직할시장, 광역시장도 있다. 이와 같이 너무나 다양해서 언제 어느 시장을 초대 시장이라 해야 할지 시각에 따라 다를 수가 있는 것이다.

그러나 대체로 1945년 광복 이후 최초로 부산시정의 책임자였던 양성봉 부윤(시장)을 초대 시장으로 보는 것이 일반적이다.

광복 이듬해인 1946년 1월 24일, 미군정 시절 케리 소령이 부윤으로 있을 때 부부윤(副府尹)으로 있던 양성봉 씨가 케리 미군정 부윤과는 별도로 한국인 부윤으로 임명됐다. 비록 미군정 부윤에 의하여 사사건건 제약과 간섭을 받긴 했어도 어쨌든 그때부터 한국인 시정 책임자가 임명된 것이다. 그러나 양성봉 부윤이 그의 재임기간 2년 10개월 중 명실상부한 독자적 부윤 역할을 수행한 것은 1948년 8월 15일, 정부가 수립되어 미군정 시장이 철수된 이후부터 그해 11월 6일, 강원도지사 발령을 받을 때까지의 두 달 20일간이 고작이었다. 어쨌든 우리 부산의 초대 시장은 양성봉 부윤이다.

양성봉 부윤의 생애를 돌아보면 나라의 운명만큼이나 파란곡절이 많았다. 그는 1900년 2월 부산 좌천동에서 태어났다. 네 살이던 1904년(고종 41년), 아버지를 따라 하와이로 이민갔던 그는 2년 뒤 귀국하여 부산진보통학교와 부산상업학교(현 부산상고)를 졸업한 뒤 부산철도국에 첫 직장을 가졌고 울주군 서생면에서 한때 교편을 잡기도 했다. 그러다가 다시 부산으로 돌아와 그의 누나 양유식과 결혼한 미국인 선교사, 한국명 어을빈이 운영하는 제약회사의 지배인으로 일했는데 다음 해 어을빈이 사망하자 회사 경영을 맡기도 했다.

그 무렵 어을빈(魚乙彬) 병원에서는 만병수(萬病水)란 물약을 만들어 팔았는데 약효가 널리 소문이 났다. 병원 앞이 환자들로 늘 장사진(長蛇陣)을 이루자 판매망을 전국적으로 확대하기 위한 법인체를 만들기도 했다.

1941년 2월 일본의 진주만 공격으로 2차대전이 발발하자 그는 구미의존배(歐美依存輩)란 낙인이 찍혀 상당 기간 형무소 신세를 졌고, 말로 다 할 수 없는 곤욕을 치르고 풀려났다.

뿐만 아니라 상해임시정부를 오가며 독립운동을 하던 둘째 누나 양한나와의 관련 문제로 또다시 옥고를 치르기도 했다. 1942년 석방된 그는 일경(日警)들의 핍박이 날이 갈수록 심해지자 동래 반여동으로 들어가서 그 후 3년간 아예 농사꾼이 되어버렸다.

모질고 독한 일제도 심장부에 원폭이 떨어지자 두 손을 들었다. 드디어 해방이 되고 미군들이 부산에 진주(進駐)하자, 양성봉은 고기가 물을 만난 격이었다. 그때는 미군과 한국인들 사이에 의사소통이 무척 어려웠다. 그런 시절 양성봉은 영어와 인품, 거기다 업무추진 능력까지 겸비했으니 미군들로서는 얼마나 매력적인 인물이었겠는가. 훤칠한 키에 미남이라 코트를 걸치고 중절모를 쓰면 영락없는 서양신사였다. 그런 그를 그냥 둘 리가 만무하다. 서울에 있는 누군가의 추천으로 앞서 언급한 바와 같이 1945년 11월 일약 부산시 부부윤에 발탁됐다가 3개월 뒤에는 한국인 부윤에 취임한 것이다.

그는 일찍이 초량에 있는 삼일교회를 설립한 장로로서 일제(日帝) 때 신사참배를 거부할 만큼 전형적 외유내강의 성품이었다.

미군정 치하에서도 그들에게 아부하는 말이나 비굴한 태도는 추호도 없을 뿐더러 너무나 당당했다고 한다. 그때는 혼란기라 좌우익의 분열이 격심했던 시절, 좌익계열과 일부 통역관들이 "무능하다, 물러나라"며 사사건건 물고 늘어질 때도 "내가 그만두면 누가 부산부를 털어먹을지 모르니 그만두지 못하겠다"면서 강경하게 맞섰다고 한다.

그는 부산 부윤으로 2년 10개월을 재임한 후, 1948년 11월 강원도지사를 거쳐 1949년 경상남도지사에 부임했다. 그 뒤 6·25가 터지고 부산에 옮겨왔던 임시수도가 다시 서울로 환도하기까지 4년 가까이 경남지사로 재임하다가 농림부장관에 발탁되기도 했다. 1954년 6월 장관직을 물러난 이후에는 줄곧 부산에서 살았는데 그의 집은 초량 선화여상(현 부산컴퓨터과학고) 부근에 있었다. 뜰에는 아름드리 동백나무가 있었고 뒤편 넓은 언덕에는 염소들을 방목했는데 그 집을 '구봉원(龜峰園)'이라 했다.

저자는 친구가 그집 집사 겸 비서로 있어 일요일이면 가끔 찾아가서 토끼집을 고치는 그 어른을 돕기도 했다.

그는 부산을 너무나 사랑하여 63세에 임종을 맞기까지 만년(晩年)에도 왕성한 봉사활동을 했다. 부산YMCA, 향토문화연구회, 부산로타리클럽 등을 설립하고 회장직에 있으면서 1963년 운명

직전까지 잠시도 쉬지 않았다. 해방 직후 어려웠던 혼란기에 부산시정의 주춧돌을 놓은 청계(淸溪) 양성봉 부윤의 생애는 태산같이 우뚝하다.

둘째 누나 양한나

양성봉 부윤 얘기를 하다 보니 그의 둘째 누나 양한나를 빠뜨릴 수 없다.

양한나는 젊은 시절 독립운동에 헌신했다. 독립운동 자금을 모아 상해임시정부에 전달하는 역할을 했다. 한번은 일본에서 부산으로 들어오는 통관 때 일본인 형사가 독립운동자금이 가득 든 가방을 열어보라 하더란다. 그는 조금도 기죽지 않고 "열고 싶으면 네가 열어봐라!" 했다. 너무나도 당당한 태도를 보고 그냥 나가라 하더란다.

조국 광복 후 수도 여자경찰서장을 지내기도 한 그는 만년에 사하구 괴정동에서 자매여숙(姊妹女塾)이라는 정신요양원을 운영했는데, 그 공로로 1967년 9월 28일 당시 74세의 고령으로 '용신(勇信)봉사상'을 수상하기도 했다.

당시 양한나 할머니가 부산시청에 들어오면 이 사무실 저 사무실 다니면서 시 직원들이 무언가 잘못한 일을 찾아 호되게 꾸짖었다. 재떨이에 버려진 담배꽁초를 집어 들고 "너희들이 언제부터 이 길다란 꽁초를 버릴 정도로 풍족하게 살았느냐!" 호통을 치기도 했다.

양한나 할머니는 언제나 시청 건너편 부산데파트 지하식당 난전에 앉아 녹두죽 한 그릇으로 점심을 때웠다.

운영하는 자매여숙의 여자 정신질환자를 친딸처럼, 동기간처럼 보살피다 떠나신 할머니의 숭고한 생애를 뒤늦게서야 한없이 우러러 본다.

정종철 시장
鄭鐘哲

1948.11.7. ~ 1950.4.20.
1년 5개월

정종철 시장은 유복한 집안에서 태어난 수재였으며 관운도 대운이었다. 그러나 요즘의 시각에서 보면 친일파로 매도될 수 있을지도 모르겠다.

그는 1906년 5월 경남 거창군 위천면 장천리의 부유한 지주 집안에서 태어났다. 아버지 정태균은 조선총독부 중추원 참의와 경상남도 평의원, 거창금융조합장 등을 거친 분이다.

정종철은 아버지 정태균이 세운 위천면 사립고북학교(현 위천초등학교)와 경성제일고등보통학교(현 경기고등학교) 1년을 수학한 후 일본 교토에 있는 동산중학으로 전학했다.

1928년에 귀국한 그는 경성법학 전문학교(현 서울대 법대)를 졸업한 후 1931년 경상남도 재무과에서 공직을 시작했다.

1933년 진주부청으로 옮겨 광복 3년 전인 1942년에는 조선인 출신으로서는 매우 드물게 진주부청 재무과장으로 승진했다. 1945년 미군정 때 진주 부윤으로 임명되어 재직하다가 1948년 대한민국 정부 수립 후 그해 11월 양성봉 부윤(시장)이 강원도지사로 떠나자 그 후임 부산 부윤으로 취임했다.

그는 비록 일제 치하에서 고위관직에 있었지만 지역 주민들은 그 누구도 그의 행적을 두고 친일파라 매도하는 사람이 없을 정도로 인품이 올곧았다. 그러니 그가 진주를 떠날 때 언론에서는 청렴결백한 양심적 모범 관리가 떠난다며 아쉬워했다는 것이다.

1948년 11월부터 1년 5개월간 부산 부윤으로 재임한 다음 6·25전쟁 직전인 1950년 4월 부산시장을 떠날 때까지 기록에 남아있는 그의 업적은 다음과 같다.

첫째 부산특별시 승격 기성회를 발족시키고 당시 부산상공회의소 회장으로 있던 조선견직 김지태, 동구 출신 국회의원 박순천 등과 힘을 모아 특별시 승격운동을 주도하고, 둘째 1949년 9월 경남지사 문시환, 학무국장 윤인구, 부산상의 회장 김지태 등과 함께 부산대학교 설립을 추진했다.

6·25전쟁이 터지기 두 달 전인 1950년 4월 부산시장에서 물러난 그는 한때 김지태의 조선견직에서 부사장 직책으로 실질적 운영 전반을 위임받아 회사를 경영한 적도 있고, 삼화고무의 초대 사장을 맡기도 했다.

1960년 4·19혁명 직후 민주당 정부가 들어서자 그해 5월 서울특별시 부시장에 취임, 시장 직무대행으로 있던 중 같은 해 10월부터 두 달간 경남지사로 재임했다.

1961년 민주당 정부 시절 공무원 비위를 감찰하는 감찰위원으로 활동 중 5·16군사정변으로 해임되고, 정치활동 정화법에 따라 모든 정치활동이 금지되었다. 1963년 정치활동 금지에서 해제된 이후에는 공화당 창당 준비위원으로 참여한 적도 있다.

그는 일제 치하부터 미 군사정부, 자유당, 민주당, 공화당 등 수많은 정국의 변화 속에서도 물 흐르듯이 승승장구 살아남은 처세와 치세의 달인이었다.

1976년 1월 부산 동래구 온천동에서 향년 70세로 작고했다.

김주학 시장
金柱鶴

1950.4.21. ~ 1952.5.7.
2년 1개월

날벼락 감투

김주학 시장은 이승만 대통령이 총재로 있던 대한독립촉성국민회의 부산지부장으로 있었는데, 느닷없이 부산시장이란 날벼락 같은 감투를 썼다.

난장판 임시수도

그가 취임한 지 2개월이 되던 1950년 6월 25일, 북한 남침 전쟁이 발발했다. 뿐만 아니라 전쟁이 발발하자 곧장 수많은 피란민들이 물밀듯이 몰려들었다.

그로부터 1주일도 안 된 7월 1일, 유엔군 선발대가 부산에 상륙했지만 수도 서울이 북한군에 의하여 점령되자 그해 8월 18일 청와대를 비롯한 정부 각 부처와 국회, 대법원 등이 부산으로 옮겨오고 외국 공관들도 부산으로 옮겨왔다.

부산은 3년 넘게 임시수도로서의 기능을 수행했는데 당시의 생생한 자료들이 이승만 대통령이 머물렀던 전 경남지사공관(임시수도기념관)에 단편적으로 남아있다.

그때의 중앙부처 배치 상황을 보면 경남지사공관은 청와대, 경남도청은 중앙청, 그리고 대교동에 있던 옛 부산시 청사에는 사회부, 문교부, 심계원 고시위원회가 들어가고, 남전(南電) 경남지부에는 상공부가 들어갔다.

범내골 입구에 있는 부산철도국에는 교통부가 들어갔는데 지금도 그 앞 광장을 '교통부 로터리'라 부르기도 한다. 부산극장에는 국회, 부산지방법원엔 대법원, 미국공보원엔 미국대사관이 들어갔다. 참으로 아수라장 같은 혼돈의 시기요, 국난의 시기였다. 전선은 낙동강을 사이에 두고 일진일퇴, 나라의 운명은 풍전등화 같은 시기였다.

    대통령의 측근들은 만일의 사태에 대비하여 이승만 대통령에게 제주도로 피신할 것을 권유했지만, 대통령은 그러면 나라를 잃는다며 완강히 거절하면서 프란체스카만 떠나라 했다. 그러나 프란체스카 여사는 '대통령이 죽으면 같이 죽겠다'며 머리를 흔들었다. 이 절체절명의 시기에 맥아더는 인천 상륙작전을 성공시켰다. 그것이 나라를 기사회생(起死回生) 시켰다.

    한편 이런 난리통에 1952년 지방자치제에 의한 시의원 선거가 실시되고, 선출된 35명 시의원에 의하여 제 4대 시장으로 손영수가 선출됨으로써 김주학은 시장직에서 물러났다.

손영수 시장
孫永壽

1952.5.8. ~ 1954.7.9.
2년 2개월

　1952년 5월 부산시의회에 의하여 선출된 손영수 시장은 정통 관료 출신이었다. 일찍이 경상남도 후생과장을 거쳐 마산시장을 역임했고, 6·25전쟁 직전인 1950년 4월부터 김주학 전임 시장 시절 2년여 동안 부시장으로 재직한 행정가였다.

부시장 재임시절 주변에서 남다른 신망을 받았던지, 아니면 시장과 무슨 앙금이 있었던지 지방자치제 실시로 시장을 선출하게 되자 자기가 모시던 김주학 시장과 맞서 시장선거에 입후보했다. 치열한 접전 끝에 1952년 5월, 그는 모시던 현직 시장을 일방적으로 누르고 임시수도인 부산시장으로 당선되어 2년여 동안 재임했지만 4년 임기를 채우지는 못했다.

1953년 1월에 발생한 국제시장 대화재에 이어 그해 11월에 발생한 부산역전 대화재에 대한 책임을 지겠다며 시의회에 사표를 제출했다. 그러나 시의회의 분위기는 대체로 그 문제는 시장으로서도 불가항력적이라는 방향으로 의견이 모아져서 사표 수리에 대한 찬반 투표를 실시한 결과 부결 처리되었다.

그러나 그 일이 있은 지 7개월 뒤 어느 도로 건설공사와 관련하여 직원들의 부정행위 사실이 밝혀지면서 감독상의 책임 문제가 거론되는 등 여론이 극도로 악화되었다. 시의회에서도 책임 추궁이 집요하게 계속되자, 그는 스스로 사표를 던지고 시장직에서 물러났다.

최병규 시장

崔丙奎

1954.7.23. ~ 1955.2.13.
7개월

손 시장의 후임은 최병규 시장이었다. 그는 1, 2차 투표에서 당선 기준인 3분의 2는 고사하고 과반수도 얻지 못했다. 결국 3차 투표까지 치렀지만 총 35표 중 14표의 낮은 지지율이었다. 그러나 '3차 결선투표에서도 3분의 2 이상 득표자가 없을 시, 최고 득표자를 당선자로 한다'는 규정에 따라 행운을 잡았다.

그러나 그는 시의회와 잦은 마찰로 취임 5개월 만에 불신임안이 제출되어 표결에 붙여졌고, 1표 차이로 위기를 모면했으나 불과 한 달 뒤에 또다시 불신임안이 제출되자 만장일치로 통과되는 수모를 겪고 퇴임했다.

배상갑 시장

裵上甲

1955.5.24. ~ 1960.5.10.
5년

    배상갑 시장은 1908년 12월 경남 김해에서 태어났다. 서울 중앙고등보통학교(현 중앙고등학교) 4년을 수료한 후 김해로 귀향하여 양조업, 운수업 등으로 재산을 축적했다. 이를 바탕으로 일제치하인 1938년 김해읍 의원에, 1941년 경남도 의원에 선출되었다.

1945년 해방 후에는 김해주조회사와 대선주조회사 등을 경영하였고 부산상공회의소 의원으로 활동하는 등 정치적 야망도 크고 사회적 활동도 활발한 마당발이었다.

1955년 2월 최병규 시장이 퇴임한 후 부산시장으로 출마했고, 부산시의회 투표결과 1, 2차 투표를 거쳐 3차 투표까지 가는 우여곡절 끝에 가까스로 당선되었다. 배 시장은 낮은 지지율로 당선됐지만 그의 뛰어난 교제술과 두툼한 뱃심으로 시의회와의 관계를 잘 밀고 나갔다. 그러나 취임 3개월 만인 1955년 5월, 34명의 시의원들에게 시 예산으로 값비싼 오메가 시계를 선물했다가 구설수에 오르기도 했다. 시계값은 결국 시계를 받은 시의원들이 물었지만, 그 사건은 재임 중 숱한 일화를 남긴 배 시장의 한 단면을 보여준 사건이었다.

임기 중엔 우여곡절도 많았는데 시장임기를 불과 3개월 앞둔 시점에서 지방자치법이 또다시 개정되어 시장 선임 방법이 간선제(間選制)에서 임명제로 바뀌었다. 그에 따라 배 시장은 시장직에서 물러나게 되고 임명제청권자인 김규환 경남지사는 1차로 제3대 부산시장을 역임한 김주학 씨를 추천했지만 여의치 않자 2차로 자유당 소속 손영기 씨를 연이어 추천했다. 그러나 자유당 고위층의 압력으로 모두 무산되고 끝내 배상갑 시장을 임명치 않을 수가 없었다.

그렇게 중앙정치권력을 발판으로 연임에 성공한 배 시장은 1960년 4·19혁명으로 자유당 정권이 무너질 때까지 5년 동안 시장으로 재임한 후 말도 많고 탈도 많은 그의 한 시대도 끝났다.

이근용 시장
李槿鎔

1960.5.16. ~ 1960.12.26.
7개월

　이근용 시장은 1895년 서울 종로구 와룡동 명문가에서 태어났다. 아버지 이재명은 왕실 의전 실장이었고 동생 이성용은 한국인 최초로 독일 베를린 대학에서 의학박사 학위를 받은 내과 전문의로 의친왕의 시의(侍醫)를 지냈다.
　4·19 직후 과도정부 내각수반을 지낸 허정과는 사돈 간이다.

이근용 시장은 사학 명문인 휘문의숙(현 휘문고등학교)을 졸업한 후 모교에서 교사로 재직했다. 그러던 중 아내가 출산 후유증으로 세상을 떠나자 충격 속에 의사가 되기로 결심하고 경성의료 전문대학, 교토제대 의학부를 수료한 후 세브란스 병원 외과부장으로 있었다. 그러다 무슨 까닭인지 부산으로 내려왔고, 얼마 후 동구 초량동에 일본인이 두고 간 대지 500평의 적산가옥을 불하받아 '이근용 외과병원'을 개원했다.

1950년 6·25전쟁 때 수많은 전쟁고아들과 피란민들이 제대로 된 의료혜택을 받지 못하자 1952년 1월 서구 토성동 부산대학병원 구내에 '부산아동자선병원'을 개원했다. 그는 이사장직을 맡아 가난한 아이들을 전액 무료 진료하는 한편, 1957년 5월에는 대한결핵협회 부산지부장을 맡아 4년 동안 시내 10개소의 개인병원에 무료 상담소를 운영하기도 했다.

1960년 4·19혁명으로 허정을 수반으로 하는 과도정부가 들어섰고, 허정은 사돈인 이근용에게 부산시장을 제의했다. 행정 경험이 없는 것을 이유로 사양하자 인근 김해군수를 부산 부시장으로 승진, 전보시켜 보좌케 하는 등 지금으로서는 상상도 할 수 없는 방법으로 그를 끈질기게 설득하여 1960년 5월 이근용이 부산시장에 취임하였다.

그러나 그해 11월 민주당 정부에 의하여 지방자치법이 개정되어 민선시장으로 김종규 후보가 당선됨으로써, 6개월간의 시장직을 그만둔 그는 다시 병원으로 돌아갔다.

그의 아들 이해랑은 대한민국 예술원 회장을 역임한 연극계의 거목이며 국회의원을 역임하기도 했으니 그의 집안은 말 그대로 명문가였다.

김종규 민선시장

金鐘圭

1960.12.27. ~ 1961.5.24.
5개월

4·19의 혜성

부산은 1963년 정부 직할시가 되기 이전까지 경상남도 산하에 있었는데, 초대(初代) 양성봉 시장(부윤)에서부터 3대까지는 임명제(任命制) 시장이었고, 4대 손영수 시장은 시의회에서 선출한 간선제 시장이었다.

그러다 또다시 배상갑 시장의 임기 3개월을 남겨둔 시점에서 임명제로 바뀌었고 4·19에 의한 과도정부까지 이어졌다.

1960년 4·19혁명이 일어나고 민주당 정권이 들어서자 그해 12월 주민이 직접 참여하는 시장선거가 실시되었다. 그 결과 그동안 부산시 부시장 출신이며 민주당 구파 출신인 김종규 후보가 신파 출신인 곽도산 후보 등 7명의 후보를 누르고 낙승을 거두었다.

김 시장은 일찍이 경성제대 법문학부와 동 대학원을 수료했으며 경남지사 비서실장, 부산상의 사무국장, 부산대 법대 강사, 민주당 중앙당 당무위원 등 화려한 경력을 갖고 있었다.

김 시장은 1954년 8월부터 1년간 부산시 부시장을 역임했다. 1960년 12월, 47세의 한참 일하기 좋은 나이에 최초의 민선 부산시장으로 혜성같이 나타났으나, 다음 해 5·16군사정변이 일어나자 이번에는 5개월도 채우지 못하고 바람처럼 사라진 불운한 분이었다. 말하자면 4·19혁명 뒤에 낚은 월척을 5·16군사정변으로 놓친 셈이다.

김 시장은 반백(半白)의 머리에 이목구비가 큼직하고 뚜렷한 미남이요, 호남이었다. 그는 취임하자마자 '시정의 근본은 사람에

달려있다'며 인사혁신책의 첫 과업으로 그때까지 온갖 연줄로 들어온 백여 명의 임시직원들을 전원 해직했다. 그러고는 공개채용시험을 거쳐 직원 120명을 1차로 선발한 다음, 낙방한 사람들 중에서도 아까운 인재들이 많다며 성적순에 따라 30명을 추가 선발하기도 했다.

그때는 고시(考試) 등 자격시험 이외에는 공무원 채용시험이 없던 때라 고시 낙방생들을 포함 2천9백 명의 수험생이 몰려와 19대 1이라는 엄청난 경쟁률을 보였다. 시험도 오전 오후에 걸쳐 객관식뿐만 아니라 주관식과 행정실무에 이르기까지 광범위하게 출제되었고, 면접시험은 김 시장이 직접 여러 국장들이 배석한 가운데 대교동 옛 시청 대회의실에서 실시하였다.

김 시장은 평소 간부들에게 '한고조 유방이 항우를 이기고 중국 천하를 통일한 것은 인재를 적재적소에 썼기 때문'이라며 인사행정의 중요성을 강조하곤 했다.

김 시장은 짧은 재임 기간에 부산시 공채 1기라는 인재 등용의 큰 일을 마무리하고 부산시를 떠났다. 1995년에는 82세의 고령으로 부인과 함께 경기도 과천에서 살고 있었다는데, 이후 소식은 알 길이 없다. 그러나 그가 뿌려놓은 150명 씨알들은 부산시 산하 구석구석에 뿌리를 내려 시정의 주춧돌 노릇을 단단히 했다. 그들은 모임을 갖고 이름을 '청우회(靑友會)'라 했는데 20대의 젊음과 늘 푸른 그들의 기개(氣槪)가 함축된 뜻을 담고 있다.

시장들이 부임하면 청우회 모임에 얼굴을 나타낼 정도로 그들은 한때 기획관리실장, 국장, 구청장 등 시 산하 요직을 두루 석권하다시피 했다. 세월과 함께 하나둘 은퇴를 하고 1998년 12월 부산진구 이석우 부구청장을 마지막으로 모두 공직을 떠났으나, 아직도 그들은 매월 모여 지난날 공직에서의 감회를 떠올리며 회포를 푼다.

부산시정 사상 처음 뽑힌 민선시장이 뜻을 펼쳐보지도 못하고 역사의 뒤안길로 사라진 것이 가슴 아프다.

변재갑 시장
卞在甲
1961.5.25. ~ 1962.4.20.
11개월

5·16의 회오리바람

  1960년 4·19혁명이 일어난 지 1년여 만인 1961년 5·16군사정변이 일어났다.

  이 역사적 사건을 두고 사학자들은 어떤 시각으로 바라볼지 모르겠다. 그러나 당시 행정공무원으로 있었고, 그 후 34년간 종합행정 기관인 부산시청, 그리고 연이어 9년간 종합 경제단체인 부산상의에 근무했던 저자의 시각으로는 5·16이야말로 오늘날 우리나라가 선진국이 될 수 있었던 출발점이라 생각한다.

그것은 결과론적 이야기고 당시로서는 청천벽력과 같은 사태였다. 모든 헌정이 중단됨으로써 국회가 해산되고 정치 활동이 금지되었다.

국가재건최고회의에서 국회 기능을 대행하고, 중요 행정 기관장에는 군인들이 임명되었다. 변재갑 해병 대령도 그 당시 부산시장으로 임명되었다. 그러니 그가 재임한 기간은 태풍 노도와 같은 격동기였다.

그가 1년도 채 안 되어 물러난 것을 두고 근거 없는 추측도 있었다. 하필이면 그때 해병 중령으로 있던 탁한관 전 서구청장까지 옷을 벗자, 병과 간의 갈등으로 밀려난 것 아니냐는 입방아에 오르내리기도 했다.

혜성처럼 나타났다가 유성처럼 사라진 그의 종적을 아는 사람이 없다.

부산직할시 시장

김현옥	1962. 4. 21. ~ 1966. 3. 30.
김대만	1966. 3. 31. ~ 1969. 4. 26.
김덕엽	1969. 4. 28. ~ 1970. 4. 15.
최두열	1970. 4. 16. ~ 1971. 6. 11.
박영수	1971. 6. 12. ~ 1977. 7. 6.
최석원	1977. 7. 7. ~ 1980. 1. 16.
손재식	1980. 1. 17. ~ 1981. 4. 7.
김무연	1981. 4. 8. ~ 1982. 5. 24.
최종호	1982. 5. 25. ~ 1985. 2. 21.
정채진	1985. 2. 22. ~ 1986. 8. 28.
김주호	1986. 8. 29. ~ 1987. 5. 18.
강태홍	1987. 5. 19. ~ 1988. 5. 18.
안상영	관선 1988. 5. 20. ~ 1990. 12. 27.
	민선 1998. 7. 1. ~ 2004. 2. 4.
김영환	1990. 12. 28. ~ 1992. 12. 25.
박부찬	1992. 12. 16. ~ 1993. 3. 3.
정문화	1993. 3. 4. ~ 1994. 9. 23.

김현옥 시장
金玄玉

1962.4.21. ~ 1966.3.30.
3년 9개월

군복 입고 시장 취임

신은 자연을 만들고 사람은 도시를 만든다 했던가.

박정희가 대한민국을 천지개벽 시켰다면 김현옥 시장은 부산과 서울을 천지개벽 시켰다. 그는 군대의 돌격정신을 행정에 접목시켜 보란듯이 성공시킨 저돌적 행정가였다. 물론 그런 스타일의 추진력이 성공한 것은 시대적 상황이 뒷받침 된 까닭도 있지만 아무나 흉내 낼 수 있는 것은 아니다.

그는 1926년 10월 27일 진주 어느 마을 가난한 집안에서 태어나 보통학교를 졸업한 뒤, 한때 모교에서 사환으로 있으면서 시간을 알리는 종치는 소년이었던 것으로 알려져 있다.

해방 다다음 해인 1947년, 나이 21세 때 육군사관학교를 졸업한 뒤 국방경비대에 입대했다. 그 후 여러 보직을 두루 거친 후 5·16군사정변 당시 제3항만 사령관으로 있으면서 박정희 군수사령관과 의기투합 인연을 맺었다.

1962년 4월 21일 군인 작업복 차림의 그는 눌러 쓴 작업모에 별 하나를 달고 전임 시장 변재갑 해병 대령의 후임으로 취임식장에 나타났다. 간혹 제대 후 부산시장으로 부임했다는 기록이 있으나 사실이 아니다.

김현옥 시장 재임기간 중 부산은 여러 측면에서 괄목할만한 발전이 있었으나 그중에서도 가장 큰 업적은 정부 직할시 승격이다. 또 하나는 황령산과 금련산을 축으로 한 삼각개발로, 시내에서 해운대, 해운대에서 동래, 동래에서 시내로 연결되는 거대한 개발구상이다.

지금 생각하면 별것 아니지만 당시 그 지역 일대가 모두 허허벌판이었던 것을 생각하면 원대한 장기계획이었다.

직할시 산고(産苦)

부산은 정부 직할시가 되기 이전까지만 해도 경상남도 산하에 있었다. 해방이 되고 정부가 수립되면서부터 그 산하에서 벗어나려고 안간힘을 썼다. 14년이란 오랜 산고 끝에 직할시로 탄생한 때는 김현옥 시장 재임시절인 1963년 1월 1일이었다. 그 뒤 대구, 인천, 광주, 대전, 울산 등 우후죽순처럼 많은 직할시가 생겨나서 희소가치가 퇴색되었지만, 그때 부산직할시 승격을 둘러싸고 부산과 경남이 벌인 공방전은 치열하기 이를 데 없었다.

부산은 서울 다음가는 대도시인데도 경상남도 산하에 있다는 데 대한 자존심 문제와 부산시민이 낸 혈세가 '도 부가세(道 附加稅)'라는 이름으로 경상남도에 들어간다는 데 대한 불만, 그리고 독자적 발전에 대한 강한 욕구로 처음에는 부산특별시 승격운동으로 불길이 붙었다.

1949년 6월 14일, 6·25동란이 일어나기 1년 전에 부산시장 정종철과 상공회의소 회두 김지태 등 각계 대표로서 '부산특별시 승격기성회'가 발족된 이래, 같은 해인 1949년과 1951년, 1952년, 3회에 걸쳐 부산 출신 국회의원을 중심으로 부산특별시 승격을 위한 의원입법안이 국회에 상정되었다. 그러나 그때마다 이해가 엇갈리는 경남 출신 국회의원들과 한 나라에 두 개의 특별시가 있을 수 없다는 서울 출신 국회의원들의 협공으로 번번이 좌절되었다. 하는 수 없이 1953년부터는 서울 출신 국회의원들의 반대 명분을 없애고 그들을 무마하기 위한 궁여지책으로 특별시 대신 직할시 승격운동으로 추진 방향을 수정하게 된 것이다.

그러다가 오랜 세월이 지나 정권도 자유당에서 민주당으로 바뀐 1960년, 부산의 인구는 100만을 넘었고 시 산하에 구제(區制)가 실시되는 등 직할시 승격의 외형적 요건과 명분을 충분히 갖추게 되었다. 부산 출신 국회의원(민의원)들의 발의로 또 한 차례 부산직할시 승격법안이 국회에 상정되었으나, 역시 서울과 경남 출신 국회의원들의 필사적 저지로 부결되고 말았다.

그 후 5·16군사정변이 일어난 다음 해인 1962년 4월 부산시장에 취임한 김현옥 시장이 진두지휘하여 추진된 부산직할시 승격법안이 그해 11월 11일 국가재건최고회의 내무분과위원회에서 심의되었으나 또다시 부결되었다. 당시 부산 중구 출신으로 내무분과위원장으로 있던 조시형 씨로부터 부결되었다는 연락을 받은 김 시장은 그날 야간 열차 편으로 즉각 상경하여, 다음 날인 11월 12일 박정희 최고회의 의장을 설득함으로써 그 법안을 다시 상정하도록 밀어붙여 전광석화같이 기어이 성사시켰다.

김 시장의 추진력은 그의 별명이 '불도저'라는 데서도 잘 나타난다. 그러나 발군(拔群)의 추진력보다 가장 결정적 요인은 박정희 국가재건최고회의 의장과 김현옥 부산시장과의 교분관계(交分關係)에 있었다고 보는 사람이 많다. 5·16군사정변이 본격 진행되던 당시 박 의장은 군수사령관으로, 김 시장은 항만사령관으로 부산에 근무한 적이 있었다. 군 관사에도 함께 거주한 적이 있는 등 가족 간에도 육영수와 오정자의 친분이 두터웠으니, 그런 관계가 직할시 승격에 도움이 되었을 것이란 추정도 있을 수 있다.

아무리 김 시장이 '불도저'라 해도 당시 양찬우 경남지사(육군 소장)의 고향이 동래 지역이라 어정쩡한 입장을 취했기 망정이지 그렇지 않았다면 결과가 또 어찌 되었을지 아무도 장담할 수가 없다.

김 시장의 한문 일화

누구에게나 강점만 있는 것은 아니다. 김 시장의 취약한 부분은 한문이었다. 부산시장으로 부임 첫날 취임사를 하면서 '패북주의'가 어떻고 '만신창상' 운운해서 모두들 무슨 소린가 싶어 어리둥절했는데, 알고 보니 패배주의(敗北主義)와 만신창이(滿身瘡痍)를 잘못 발음한 것이었다. 앞줄에 선 간부들이 터져 나오려는 웃음을 참느라 애를 먹고 있는데 뒷줄에 있는 젊은 직원들은 웃음을 참지 못하고 킥킥거리는 소리까지 들릴 정도였다. 하지만 그는 개의치 않고 군대 용어인 '돌격'이라든지 사전에도 없는 '창발(創發)' 같은 그만의 특유한 낱말을 구사해서 열정 넘친 취임사를 했다.

오랜 세월 지나 회고해 보면 시장의 자질이나 능력은 한자(漢字) 몇자 알고 모르는 것이 주요한 잣대는 아닌 것 같다.

시장이란 자리는 학문적 깊이가 아니라 올바른 직관력, 굽힐 줄 모르는 추진력, 그리고 몸에 밴 애민 봉사정신이 더더욱 소중하단 생각을 갖게 되었다. 김현옥은 불도저란 별명과 '시민의 가려운 곳 내몸 같이 긁어주자'는 심금을 울리는 그의 말대로 참으로 큰 머슴이었고 상머슴이었다.

부산의 오랜 과제였던 직할시 승격을 직접 나서서 단번에 성사시켰고, 인구 300만의 거대도시 부산의 기본 골격도 그의 재임 기간 중에 형성된 것이라 해도 과언이 아닐 것이다. 중앙로 확장을 비롯해서 황령산을 중심으로 한 삼각 순환도로망 등은 먼 앞날을 내다본 김 시장의 탁월한 발상과 집념에서 비롯된 것이다. 부두지구 재개발사업, 고지대 급수난 해결은 물론, 까마득한 고지대 마을의 숨통을 트게 한 산복도로 개설도 김 시장과 같은 불도저 시장이 있어 가능했던 일이다. 산복도로가 없었던 시절 고지대 달동네 주민들이 연탄 운반, 분뇨 수거에 얼마나 고생했던가를 생각해보면 격세지감을 느끼게 된다.

부두지구 구획정리 사업이 한창이던 무렵, 어느 날 갑자기 폭우가 쏟아졌다. 그는 지프차를 타고 현장으로 달려갔다. 공사현장에는 벌써 먼저 도착한 구획정리과 이철우 계장과 몇몇 직원들이 폭우 속에 이리 뛰고 저리 뛰며 골재더미에 거적을 덮고 있었다. 시청으로 돌아온 김 시장은 즉각 그들을 한 계급씩 특진시켰다. 그는 전쟁터에서처럼 언제나 상벌이 화끈했다.

서기가 계장님?

5·16군사정변으로 여러 분야 구석구석에 이르기까지 커다란 변혁의 조치들이 단행되었는데, 그중 하나가 작은 일이긴 하지만 부산시에서 있었던 파격적 인사발령이었다.

김현옥 시장 시절, 그의 비서로 있던 김두한 비서(훗날 서울시 산하 구청장 역임)가 인사혁명의 주역이었다. 김 시장은 별명이 불도저 시장이란 것으로도 알 수 있듯이 인사를 비롯한 모든 분야의 행정을 파격적, 공격적으로 추진했다. 그러니 관행과 연공서열을 금과옥조(金科玉條)로 중시하던 당시의 행정풍토가 그의 불같은 성품에 맞을 리 없었을 것이다.

그는 우선 핵심 계장급이라도 팔팔한 젊은 직원들로 채우고 싶었던지 그 인사안을 김 비서에게 입안토록 지시했다. 그래서 단행된 인사 내용이 몇몇 엘리트 서기보 직원을 발탁해서 서기로 승진시킴과 동시에 계장 직무대리로 발령한 것이다. 풋내기 계장 밑으로 들어가게 된 주사보와 고참 서기들로서는 어제까지만 해도 '아무개야 이래라 저래라' 하던 신참 직원을 계장으로 모시게 되었으니 얼마나 황당하고 부글부글 속을 끓였겠는가.

뿐만 아니라 그 인사의 주역이던 김 비서는 시정과 출신이라 팔이 안으로 굽는다고, 그때 서기보에서 계장으로 발탁된 사람은 주로 시정과 직원들이었다. 직제와 사무분장 규정상 인사권을 쥐고 있던 총무과(인사계)로서는 완전히 허수아비가 되고 말았다.

　총무과 등 핵심 인사부서에 근무하면서도 승진 인사에서 탈락된 몇몇 엘리트 직원들은 불만이 매우 컸다. 특히 부산대 출신의 젊은 직원 박수복(훗날 서울 중구청장 역임)은 비록 계장 보직은 받지 못했지만 서기로 승진이 되었는데도 투덜투덜 노골적인 불평을 하고 있었다. 옆에 있던 한 직원이 "나같이 서기 승진 못한 사람도 있지 않소. 계장이 된 사람들이나 당신이나 다 같은 서기인데 뭐 그리 불평이 많소?" 하고 위로했다.
　그러자 그는 "두고 보소. 계장 보직을 받은 저 사람들은 주사보, 주사로 금방 올라갈 것이오" 하고 예언이라도 하듯 말했다.

　몇 달이 지나니 정말 그랬다. 박정희 소장이 금방 중장이 되고 대장이 되듯이 그들은 사다리를 딛고 올라가듯 눈 깜짝할 사이에 주사보, 주사가 되었다. 같은 입사 동기생인 후발 주자들은 서기보로 있는데 순식간에 3계단의 계급 차가 벌어지고 만 것이다.

　5·16 직후의 인사 혼돈이야 어디 그것뿐이겠는가. 민주당 정권 시절이던 1961년 2월 부산시 공채 1기라 할 수 있는 직원 채

용시험에 합격하여 들어온 어느 장교 출신자는 서기보를 달고 있었는데, 몇 달 뒤 5·16군사정변이 일어나자 그와 같은 계급이었던 장교들이 계장·과장 자리에 보란 듯이 들어오기도 하고, 부산시 공채시험을 쳤다가 떨어진 사람이 어느 날 갑자기 주사보로 특채가 되기도 했다.

까마득하게 흘러간 옛날 일이고, 정변이란 속성이 원래 그렇기야 하겠지만 참으로 어이없는 혼돈의 시절이었다.

김 시장과 미삼주(尾蔘酒)집

술에 관한 기원은 곧잘 원숭이가 빚은 과일주를 예화(例話)로 든다. 원숭이들이 과일 등 먹이를 움푹 파인 나무등걸이나 바위 틈 같은 곳에 저장해 두었다가 우연히 발효된 것이 술의 시초일 것이라는 추정이다. 그래서 수렵시대에는 과일주, 유목시대에는 유주(乳酒), 농경시대에는 곡주가 빚어졌을 것이라고들 한다. 고대 이집트에서는 이미 기원전 3천 년경에 맥주 양조에 관한 유적이 있고, 중국에서는 6세기경에 지금의 양조법과 큰 차이가 없이 청주, 소주 등이 누룩으로 빚어졌다는 기록이 있다.

우리나라는 『삼국사기(三國史記)』의 고구려 건국신화에 처음으로 술에 대한 얘기가 등장한다. 천제의 아들 해모수가 연못가에서 하백의 세 딸에게 술을 먹여 그들을 수궁으로 돌아가지 못하게 하고 큰딸 유화(柳花)와 인연을 맺었다는 것이다. 그리하여 태어난 사람이 고구려의 시조 주몽(동명성왕)이니, 술은 아득한 옛날부터 영웅호걸들과 연관이 깊었던가 보다.

부산시의 역대 시장 중에도 술에 얽힌 숱한 일화를 남긴 분들이 많다. 그 중에서도 가장 먼저 등장해야 할 분은 아무래도 김현옥 시장이 아닐까 싶다. 5·16군사정변이 일어난 다음 해 현역 군인으로 부산시장에 부임한 김현옥 시장은 참으로 열혈남아였다. 그는 부산이란 거대 도시의 골격을 만든 주인공으로서 일도 열정적으로 했지만 술도 화끈하게 마셨다.

그런 김 시장이 어느 날 저녁시간에 수행비서나 다른 일행도 없이 남포동 뒷골목의 미삼주(尾蔘酒)집에 불쑥 들른 적이 있다.

마침 그 조그만 선술집에는 시청의 말단 직원 대여섯 명과 그 밖에 10여 명의 손님들이 있었는데, 느닷없이 시장이 들어서자 시 직원들은 깜짝 놀라 벌떡 일어나서 꾸벅 인사를 했고 김 시장은 성큼성큼 다가가서 그들 곁에 앉았다. 그 집은 드럼통을 잘라서 엎어놓은 게 술상이요, 소주에 인삼의 잔뿌리를 넣어 담근 미삼주와 돼지껍질을 철판에 구운 것이 안주의 전부인데도 김 시장은 세상에 이 술과 안주가 최고라며 좌중에 술잔을 돌리고 기분 좋게 받아 마셨다. 모두들 그런 시장이 좋아 너도나도 술잔을 집중적으로 권하자 김 시장은 느닷없이 식탁 위에 있는 재떨이의 꽁초들을 쓰레기통에 쏟아버렸다. 그리고는 담뱃재가 묻어 있는 재떨이를 술잔 삼아 자기 앞에 받아놓은 소주잔의 술을 모조리 쏟아 붓고는 단숨에 마셔 버렸다. 그리고 그 재떨이잔을 좌중에게 돌리는데 모두들 가가대소(呵呵大笑)하며 오래도록 잊지 못할 '재떨이잔 술파티'를 벌였다.

재떨이 술잔은 그래도 약과다. 어느 술자리에서는 자신의 구두에 따끈한 정종을 부어 먼저 자기가 한잔 주욱 들이키고는 좌중에게 돌리는데, 나중에 마신 사람들은 퀴퀴한 냄새가 나서 혼이 났다는 믿기지 않는 일화도 전해온다.

술에 대한 찬반양론은 너무나 대조적이라 시시비비를 가리기가 어려울 만큼 좋은 점도 나쁜 점도 많지 않을까 싶다. 그러나 어찌 보면 치기(稚氣) 같고 무모하다 싶지만 집무실에서 호통을 치던 시장과 부하직원들이 술자리에서 서로 만나 주거니 받거니 가슴 탁 열어젖히고 대화를 나눈 그 시절 그런 술자리가 그립기만 하다.

김 시장의 수출명령장

오늘의 시각으로 50년, 60년 전의 그때를 회상해보면 참으로 포복절도할 만큼 우스운 일도 많았다.

자유당 말기, 대통령선거 전에 이승만 후보와 맞붙은 신익희 후보의 구호는 '못살겠다. 갈아보자'였다. 그 '못살겠다'는 말은 독재나 부패 때문에 못살겠다는 뜻도 있지만, 배고파서 못살겠다는 뜻으로 더욱 충격적으로 가슴에 메아리쳤다. 그때 신익희 후보는 전국을 돌며 유세했는데 청중들의 열화와 같은 지지를 받았다.

"내가 대통령이 되면 미국에 소매동냥을 해서라도 백성을 배곯리지 않겠습니다, 여러분!"

주먹으로 탁상을 내려치며 외치는 사자후를 듣고 청중들은 눈물이 글썽해서 "옳소! 옳소!" 박수를 쳤다.

지금 생각하면 대통령이 되겠다는 사람의 정치 철학이라는 것이 기껏 소매동냥이냐 싶어 실소를 금할 수가 없지만, 그때 배고픈 사람들의 심정을 정확히 꿰뚫어 보고 정곡을 찌른 것이다.

자유당도 민주당도 무너지고 군사정변정부가 들어섰을 때 박정희 대통령의 통치 철학은 근면·자조·협동을 통한 잘살기 운동이었다. 어느 경제학자가 말하기를, 우리나라는 경치 좋기로는 금수강산일지 모르지만 자원(資源) 면에서는 석강산(石江山), 공강산(空江山)이나 다름없다고 했다. 그만큼 자원이 빈약한 나라라는 뜻이 아니겠는가. 그러니 우리의 살 길은 수출에 있다며 박 대통령은 '수출입국(輸出立國)'을 누누이 강조했다.

김현옥 시장은 기상천외한 발상을 하기로 유명한 사람이었다. 그는 박 대통령의 수출입국에 부응하고, 지역경제 발전에 기여한다며 1963년 신년벽두부터 상공인들을 한자리에 불러 모아놓고 부산시장 명의로 수출명령서라는 것을 발부했다. 그것은 각 회사에서는 수출명령서에 책정된 목표액을 무슨 수를 쓰든지 연말까지 달성하라는 당부요, 명령(?)이었다. 대통령의 긴급명령도 아니고 듣도 보도 못한 부산시장의 수출명령서를 받아든 지역 상공인들은 참으로 어이없고 기절초풍할 일이었지만, 군사정변 직후 헌정이 중단되고 군인들이 판을 치는 세상이라 불평하거나 거절할 수도 없는 실정이었다.

김 시장은 그래놓고 시도 때도 없이 공장을 찾아다니며 독려했다. 뿐만 아니라 수출업체에게는 수출지원자금을 융자해주고, 수출용 원자재 수입 때는 시에서 지급보증을 해주기도 하는 등 실질적 지원도 아끼지 않았다. 어쨌든 수출명령서가 발부된 1963년, 부산지역 수출실적은 1천60만 달러로 전년도 380만 달러에 비해 세 배 가까이 늘어났으니 수출명령서의 실효가 없었다고는 말할 수 없을 것이다.

김 시장이 수출명령서를 발부한 다음 해인 1964년 12월 수출 1억 달러 달성을 기념하여 동래관광호텔에서 박정희 대통령이 참석한 가운데 전국 최초로 지역 상공인 수출촉진대회가 개최되었다. 이것이 훗날 무역의 날 제정의 동기가 되었다. 지금은 어지간한 중소기업도 1억 달러 정도의 수출쯤이야 거뜬히 달성하지만, 그때는 참으로 피나는 노력을 해도 수출액은 미미하기 짝이 없었다. 주로 농·수산물이나 가발 정도가 고작이었으니 그럴 수밖에 더 있겠는가.

우리나라가 수출 실적 1억 달러를 달성한 것은 1964년 11월의 일이었는데, 이를 경축하는 대형 현수막이 부산시청 옆 부산상공회의소 건물(옛날 미나카이백화점) 벽면에 내걸렸다.

부두지구 구획정리사업

도시개발에 주요한 지렛대 역할을 한 것이 토지구획 정리사업이다. 예컨대 일정 지구 내에 도로를 개설하고 개발하는 부담을 토지 소유자들이 떠안았기 때문에 시는 열악한 재정 상태에서도 그것이 가능했다.

예컨대 100평의 땅을 가진 사람은 구획정리사업으로 도로 등 기반시설이 조성되면 30평 정도는 내놓아야 하는 것이다. 그 땅을 '체비지(替費地)'라 하는데 그것을 팔아 공사비에 충당했다.

일제 치하에서도 영도 영선지구에서 구획정리사업을 실시했다는 기록이 있으나 대규모 사업은 1960년대부터 시행되었다.

첫 번째 사업이 1964년 김현옥 시장 당시 부두지구 토지구획정리사업이었고 그 후 조방지구, 양정지구, 연산지구, 대연지구, 사상지구로 확산되었다. 특히 대연지구는 '신부산 건설'이란 이름으로 의욕이 넘친 사업이었다. 사상지구는 부산 최초의 공단지역이라 기공식을 신년 시무식날 가졌고, 시 직원뿐만 아니라 수많은 상공인들과 시민들도 함께 참석하였다.

망양로(望洋路) 건설

부산의 지형상 특징을 배산임해(背山臨海)라 한다. 뒤에는 산이요, 앞은 바다라는 뜻이니 어쩔 수 없이 산등성이에 집들이 들어설 수밖에 없지 않은가. 더구나 1945년 8·15 귀환동포, 1950년 6·25 피란민들이 들이닥치면서 고지대 판자촌은 부산의 수치

스런 명물(?)로 등장했다.

도시계획도 없이 마구잡이로 들어선 영세민촌이라 진입로란 꼬불꼬불한 미로뿐이요, 번듯한 차도(車道) 하나 개설되어 있지 않았다. 그러니 땔감의 100%를 연탄에 의존하던 때, 무거운 연탄을 운반하는 데도 자동차를 이용하지 못하고 지게로 져다 날랐다. 고지대에 있는 영세민들은 지게로 져 나르는 인건비만큼 비싼 값으로 연탄을 살 수밖에 없었다.

분뇨수거는 더욱 난감했다. 도로가 있는 아래쪽에 분뇨수거차를 세워두고 이른 아침 분뇨통을 멘 인부가 고지내 골목골목을 누비고 다니며 재래식 화장실의 분뇨를 수거하는데, 코를 찌르는 냄새는 차치하고 고지대로 올라갈수록 수거료가 비쌀 수밖에 없지 않은가. 그러다 보니 분뇨수거료조차 내기 힘든 영세민들은 비 오는 날이면 몰래 하천에 내다 버리기도 하고, 아니면 뒷산 언덕배기에 구덩이를 파고 거기에 묻기도 했다.

어쨌든 그만큼 부산의 고지대가 행정의 사각(死角)지대였던 시절, 김현옥 시장은 산허리 고지대를 가로질러 '산복도로'를 개설하겠다는 뜻을 밝혔다. 당시로서는 산복도로라는 개념조차 없었던 시절이었다. 전혀 엉뚱한 발상으로 치부되어 도시계획 전문가나 토목건설 관계자들이 모두 실현 가능성에 의문을 제기하고 나섰다. 하지만 김 시장이 누구인가. 불도저란 별명의 사나이가 아닌가.

먼저 영주동 뒷산 중턱을 가로질러 노폭 8미터, 길이 1.8킬로미터의 산복도로 개설계획안을 중앙도시계획위원회에 상정했다. 경사도가 도로관계법령상의 상한선을 넘는다 하여 불가 통보가 내려왔다.

그러나 항만사령관 이전에 공병학교 교장을 역임한 김 시장은 도로건설에 대해 자신감이 넘쳤다. 모든 것은 내가 책임진다며 중앙 관계자들에게 직접 전화를 걸고 시 관계자들을 상경시켜 끝내 승인을 받아냈다.

이 영주동 산복도로는 1962년 3월에 착공하여 64년 10월에 개통했는데 사업비는 1천941만 원이 들었다. 당시로서도 사업비가 아주 적게 든 셈인데 그것은 많은 지주들로부터 편입되는 토지를 무상기탁 받았기 때문이었다. 하지만 기탁된 토지에 대하여 등기 이전 절차를 밟지 않아, 먼 훗날 땅값이 폭등하자 마음이 변한 지주들이나 지주가 사망하고 난 뒤 지주 자녀들로부터 보상 시비에 휘말리기도 했다.

어쨌든 이 산복도로는 부산뿐 아니라 우리나라 산복도로의 효시라 할 수 있는데 부산항이 한눈에 내려다 보인다 하여 '망양로(望洋路)'라 명명하였다. 이 망양로 건설이 계기가 되어 부산의 고지대에는 동대신동-영주동-수정동-범일6동으로 연결되는 9.3킬로미터의 산복도로를 비롯하여 서대신-남부민 간, 양정-전포 간, 동삼-청학 간 등 수많은 산복도로가 생겨났다.

중앙광로 계획의 좌절

김현옥 시장의 대부산건설 계획은 황령산을 축으로 시내-동래 간, 동래-해운대 간, 해운대-시내 간 삼각축 개발인데, 그중에 가장 안타까운 것은 시내-동래 간을 잇는 중앙광로 계획이 좌절된 것이다.

중앙광로 계획은 김현옥 시장 시절 허기도 도시계획국장 주도로 추진된 사업으로, 부산세관에서부터 서면과 동래를 지나 경부고속도로 인터체인지까지 10차선 간선도로와 모노레일 및 6미터 폭의 보도를 건설한다는 것이었다.

이 계획안은 중앙도시계획위원회까지 통과했지만 교통부의 강력한 반대에 부딪혔다. 교통부에서 반대하는 이유는 광로 계획이 추진되면 초량에 있는 부산역이 부전역으로 이전해야 하고 철도 공작창도 철거해야 하기 때문이었다.

대안으로 제시된 것이 컨테이너 전용도로(번영로)였고 사업비 190억 원 중 박 대통령 지시에 의하여 국비 90억 원이 지원되었다. 그러나 컨테이너 전용도로와 연관된 부두도로 확장 사업과 제2영도대교 공사비를 합하면 경부고속도로 건설 공사비에 맞먹는 500억 이상의 예산이 투입되는 거대한 사업이었다.

컨테이너 전용도로의 당초 계획은 군수사와 일반 주택지를 관통하게 되어 있어 국방부에서 문제를 제기, 박 대통령이 헬기를 타고 현장을 둘러본 다음 노선을 변경하는 등 우여곡절이 많았다. 중앙광로 계획을 아는 옛날 관계자들은 지금도 그 계획이 좌절된 것을 아쉬워한다.

불도저 시장의 영전

부산의 골격과 기반을 다듬었다 해도 과언이 아닐 정도로 정열적인 사나이 김현옥 시장 재임시설의 이야기다.

대통령의 연두(年頭) 지방순시를 앞두고 보고 내용에 담을 여러 가지 기발한 '아이디어'가 백출하고 있었는데, 김 시장은 느닷없이 주택 10만 호 건립 계획 추진을 지시했다.

시청 관계 공무원과 대학교수들을 시장 접견실에 모아놓고 먼저 이문상 주택과장이 차트를 넘기며 계획안에 대한 설명을 했다. 김 시장이 첨석자들에게 계획안에 대한 의견을 물었으나, 모두 꿀 먹은 벙어리처럼 아무런 의견 제시가 없고 조용하기만 했다. 그런데 시장이 화장실에 간다고 밖으로 나가자 (그때는 시장실 안에 화장실이 없었다) 와글와글 비판의 소리가 홍수같이 쏟아져 나왔다.

"10만 호라니 어림도 없는 소리다."

"10만 호 주택 건립은 고사하고 택지 조성인들 할 수 있겠나?"

"아니할 말로, 지어놓은 10만 호가 있다 해도 검수(檢受)도 하기 힘들 것이다."

한결같이 무모하고 말도 안 된다는 비판의 소리뿐이었다.

그러다 시장이 다시 들어오자 참석자들은 또다시 말문을 닫고 찬물을 끼얹은 듯 조용했다.

"뭐 얘기 좀 나누어 봤어요?"

시장이 거듭 물어오자 누군가 엉거주춤 일어났다.

"10만 호는 조금 많지 않겠습니까?"

"그러면 얼마면 되겠어요?"

그러나 또다시 묵묵부답(默默不答). 참다못한 시장이 물었다.

"그러면 5만 호로 하면 되겠어요? 2만 호면 되겠어요?"

거듭거듭 물어봤지만 아무도 대답하는 사람은 없었다.

"2만 호도 벅찹니다. 그런데 목표를 2만 호로 한다 칩시다. 부산에서 주택 2만 호 짓겠다 한들 중앙에서 관심이나 가지겠어요? 그리고 얼마나 지원해주겠어요?"

그때야 참석자들은 고개를 끄덕이면서 10만 호라는 엄청난 목표에 숨어있는 깊은 뜻을 이해하는 듯 동의하는 분위기였다.

그날로 시장실 옆 소회의실에는 주택 10만 호 건립 상황실이 설치되었다. 어느 날 갑자기 시장이 들어와서는 직원들의 책상 위에 비스듬히 걸터앉아 이것저것 지시하고, 옆에 있는 재떨이를 사무실 바닥에 쏟아버리고는 구둣발로 비벼 뭉게더니 "일하는 곳이 전쟁터 같아야지!" 하는 것이다.

상황판의 글씨도 차트사가 정성 들여 또박또박 쓰지 말고 갱지에 그냥 휘갈겨 쓰게 했다. 양복 윗저고리도 벗어 젖히고 열심히 정신없이 일하라는 그의 표정은 진지했고 열정에 차 있었다.

1966년 3월 3일, 박정희 대통령의 부산 순시가 있었는데 그 다음 날인 3월 4일 느닷없이 서울특별시장을 포함한 전국 시도지사, 건설국장 회의가 부산에서 개최되었다. 그것은 김 시장의 건설행정을 다른 시도지사들도 와서 보고 배워가라는 대통령의 지시에 의한 것이었다.

그런 일이 있은 직후인 3월 31일, 김 시장은 서울특별시장으로 영전발령이 났다. 본인으로서야 더할 나위 없는 영광이겠으나 부산 발전을 위해서는 못내 아쉽다고 생각하는 사람들이 너무나 많았다.

한강 개발과 산림 녹화

그가 부산시장에 취임한 때는 36세였고 서울시장 취임 당시는 40세였다. 혈기 왕성한 그는 서울 한복판의 도로를 넓히고 곳곳을 파헤쳐 뜯어고쳤다.

어느 도로 확장 공사 때 철거에 불응하고 버티는 변호사 집이 있었단다. 김현옥 시장은 출근길에 그 집을 찾아가서 정중히 허리 굽혀 절을 하면서 "잘 부탁합니다." 퇴근길에도 또 찾아가서 "잘 부탁합니다."

그렇게 3일째 되던 날 변호사인 집 주인은 두 손을 들었단다.

한강 개발을 할 때 아예 여의도에 천막을 치고 거기서 기거하다시피 하면서 '돌격'이란 헬맷을 쓰고 억척같이 밀어붙여 한강의 기적을 만들어낸 것이다.

김현옥 시장의 대장정은 11명의 사망자를 낸 와우아파트 붕괴사건과 함께 무너지는 듯했다. 서울시장에서 자진 사퇴한 그를 박정희 대통령은 그냥 두지 않고 내무부장관으로 발탁했다.

그리고 농림부 산하의 산림청을 내무부 산하로 옮겨 산림녹화의 큰 과제를 그에게 맡겼다.

그때 김 장관의 시정(施政)방침은, '절대 충성, 절대 봉사, 절대 녹화'였다. 하다 못해 칡넝쿨이라도 덮어 푸른 산을 만들라고 했다.

김형욱과의 갈등설

한강 개발 등 김현옥 시장이 서울시를 천지개벽하고 있을 때 대한민국 정국은 김형욱 중앙정보 부장이 좌지우지하고 있었다.

그 무렵 김형욱은 김현옥 시장에 관한 모종의 사건에 대하여 뒤를 캐고 있었는데, 중정 서울시 출입 정보요원이 그 사실을 김 시장에게 귀띔하였다는 것이다.

김형욱의 중정 손아귀에 한 번 걸려들면 벗어날 수 없던 때. 김현옥 시장은 사직서를 써서 박정희 대통령을 찾아갔다.

"각하! 지금 서울시장 관공비로는 도저히 꾸려 나갈수가 없어 자칫 각하에게 누를 끼칠까 봐 그만두려 합니다."

그러자 박 대통령이 사직서를 받아 북북 찢으면서, "누가 또 무슨 소릴 하는 거야! 쓸데없는 소리 하지 말고 가서 하던 일이나 열심히 해!"

그렇게 해서 면죄부를 받았단다.

뒤늦게 김형욱이 박 대통령을 찾아가서 김현옥 시장건을 보고 하려 하자 "열심히 일하는 사람 도와줘야지!" 일언지하에 물리쳤다는 것이다.

김현옥 시장에게 정보를 흘려준 정보요원은 서울시 일반직 공무원으로 특채된 후 부산시 북구청장, 내무국장 등 고위직으로 근무했다는 이야기와, 김현옥 시장을 겨냥했던 유탄에 김대만 시장(전 서울 부시장)이 희생됐다는 풍문도 나돌았다.

인생 갈무리

김현옥 시장은 1980년 5공 정권 때 모종의 사건에 휘말려 곤욕을 치르다가 1981년 5월 부산시 기장읍에 있는 장안중학교 교장으로 취임하면서 인생을 멋지게 마무리하는 듯했다.

그러나 1995년 지방자치제 실시에 따른 최초의 민선 부산광역시장 선거에 무소속으로 출마한 것과 낙선한 것은 안타깝다. 무소속이면 어떤 결과일지 불을 보듯 뻔한데 사리분별을 제대로 못한 그도 그지만, 그를 나락으로 몰고간 몇몇 사람들의 무책임한 아부성 행동이 개탄스럽다. 그들이 아니었으면 멋지고 아름다운 인생 갈무리를 하였을 터인데….

김대만 시장
金大萬
1966.3.31. ~ 1969.4.26.
3년 1개월

순탄한 공직 출발

김대만 시장의 고향은 경남 합천이다. 일찍이 아버님을 여의고 어려운 가정 형편에도 어머니가 삯바느질을 하면서 그를 뒷바라지 한 덕택에 서울대 법대를 졸업할 수 있었다.

5·16군사정변 직후 서울특별시 제2부시장으로 있던 그는 1966년 3월 김현옥 시장 후임으로 부산시장에 취임하여 3년 넘게 재직했다.

재직 중 그가 이룬 최대의 업적은 영주동 고지대의 무허가 판자촌을 철거하고 부산 최초의 아파트 대단지를 조성한 것이다.

대단위 아파트 건설

부산에서 지어진 가장 오래된 아파트는 중구 관내에 있는 청풍장(1941년)과 소화장(1944년)으로 알려져 있지만, 대단위 아파트는 영주동아파트가 처음이었다.

영주동은 부산항에서 마주 보이는 곳이고 도심지 한복판인데, 거기에 판자촌을 그대로 두고는 부산을 국제도시로 발전시킬 수 없다는 것이 김 시장의 지론이었다. 그는 매사에 신중하고 서두름이 없었으나 도시재개발 차원에서 영주동아파트를 건립할 때는 참으로 무서운 추진력으로 밀어붙였다.

그러나 아무리 보잘 것 없는 판잣집이지만 주민들의 입장에서는 하루 벌어 하루 먹고사는 생활터전이 주로 자갈치시장, 국제시장, 부두 일대이고 보니 다른 곳으로 떠날 마음이 눈꼽 만큼도 없었다. 새 아파트를 지으면 우선(優先) 입주시켜 준다지만 주거생활의 변화도, 그때까지의 기다림도, 아파트 관리비 부담도 모두가 두렵고 버거운 것이었다.

시에서 아무리 설득을 해도 주민들의 반응이 냉랭하자 1968년 3월, 절차에 따라 강제철거에 나섰다. 철거작업에 동원된 시청 직원들은 곡괭이 등 온갖 철거장비를 둘러메고 시청(대교동)에서 영주동을 향해 출발했는데, 그 행렬이 수백 미터까지 이어져 그야말로 장사진을 방불케 했다. 영주동 현지에 도착한 철거반은 예상 외의 강력한 저항에 부딪혔다. 높은 언덕배기에 위치한 주민들은 미리 준비한 비닐봉지에 똥물을 넣은 분뇨탄(?)과 연탄재, 돌멩이 등을 닥치는 대로 집어 던지며 아우성치는데 전쟁터라 한들 이보다 처절할까 싶었다. 그러나 중과부적, 공권력을 어찌 당하랴. 어떤 집은 남편이 일터에 나갔는지 산모와 갓난아이만 있어 철거반 한 사람이 산모를 부축하고, 또 한 사람은 아기를 안아 내자 그들이 살던 판잣집은 눈 깜짝할 사이 무너져내렸다.

철거반원들이 폐허처럼 변한 비탈길을 터벅터벅 내려오는데 등 뒤에서는 주민들이 울부짖으면서 온갖 욕설을 퍼붓는 소리가 들렸다. 젊은 직원 몇 명은 길목 어느 작은 술집에서 소주며 막걸리며 닥치는대로 폭음을 하고, '이래야 하나!', '정말 이래야 하나!' 하며 주먹으로 탁자를 치기도 했다.

천신만고 끝에 아파트는 착공되었고 김 시장은 다음 해 대통령 연두 순시 때 아파트 건립 상황을 보고했다. 보고를 듣고 난 박 대통령이 "서울의 김현옥이는 건설 단가가 이렇게 높지 않던데?" 하고 반문했다. 이에 김 시장이 "사람이 살 집인데 이 정도는 돼야 됩니다" 하고 대답했다.

김 시장의 이 발언은 대통령 수행원들에 의하여 불경스러운 말대꾸로 치부되어 한동안 곤욕을 치른 것으로 전해졌다. 몇 년 뒤 김 시장이 불행하게 그만둔 뒤 건설 단가를 싸게 지었다고 칭찬받은 서울의 와우아파트가 와르르 무너지는 소동을 빚자, 그제야 김대만 시장의 소신 있는 판단이 높이 평가되기도 했다.

영도다리 고착 사연

지금의 영도는 두 개의 대교가 있어 육지나 다름이 없다. 그러나 다리가 생기기 이전의 영도는 이름 그대로 섬이었다. 비록 하루에 두 차례씩 북항과 남항 간의 배들이 지나다니도록 다리의 일부분을 들어 올렸다 내렸다 하는 개폐식 다리이긴 하지만, 1934년 영도다리가 건설됨으로써, 자동차며 전차가 다닐 수 있게 되었다.

그러나 다리를 들어 올렸다 내리는 그때까지의 영도는 수도관, 가스관, 전기선, 전화선 설치가 불가능했다.

김대만 시장이 부임한 1966년 영도의 인구는 15만 명이나 되었으니 마산 정도의 도시인데, 이들의 생활 불편을 해소하기 위해 개폐식인 다리를 고착시켜 영도 주민에게 상수도, 전기, 전화 등의 혜택을 누리게 할 것인가? 그렇게 되면 북항과 남항을 오가는 선박들이 태종대 등대 쪽으로 둘러가야 할 것이니 이대로 두어야 할 것인가?

이 문제를 두고 취임 후 6개월간 고심을 거듭하다가 1966년 9월 개폐식 다리를 고착시켰다.

일부 언론과 시민단체에서는 남항과 북항을 오가는 배들이 영도 남단을 돌아가는 불편을 호소하고, 부산의 오랜 역사적 명물이요 이름난 관광코스가 사라졌다며 불평이 대단했다. 반면에 영도 주민뿐만 아니라 대부분의 시민들은 김대만 시장의 결단을 높이 평가했다.

세월이 흘러 1980년 4월 부산대교(제2영도대교)가 건설되었다. 영도구 봉래동과 중구 중앙동을 연결한 이 대교는 남항과 북항 간의 선박 통행을 위해 바다 만조 시 통과 높이 14미터, 교폭

20미터, 연장 260미터의 아치형 아름다운 모습이다.

새로 건설된 이 교량 밑으로 수도관, 가스관, 전기선, 전화선이 부설되었으니 기존의 영도대교는 도개교인 원래의 모습 그대로 복원하여 남항과 북항을 오가는 선박들의 불편도 덜어주고 관광명소로서의 옛 모습도 되찾았다.

그간의 내력을 모르는 시민들은 왜 영도다리를 고착시켰다가 다시 열었는지, 의아한 눈으로 바라보았을 것이다.

전차 퇴출

부산에서 전차를 처음 운행한 것은 한일합병이 되던 1910년으로, 서면과 동래 온천장 사이를 오갔다.

1945년 해방으로 인한 귀환 동포와 1950년 한국전쟁으로 인한 피란민들로 부산의 인구가 100만 명을 넘어섰을 때, 전차는 서면을 중심으로 구덕운동장 방면, 동래 온천장 방면, 충무동과 영도 방면, 네 개 노선에 40여 대 전차가 운행되고 있었다.

그때 부산은 구덕운동장에서 남포동, 서면을 거쳐 동래 온천장으로 이어지는 남북을 축(軸)으로 하는 대상(帶狀)형 도시였다. 그곳을 잇는 주간선도로 폭이 20미터에서 25미터에 불과했는데, 한가운데에 전차가 다니고 양 옆으로 버스와 택시 등 온갖 차량들이 통행하고 있었으니 복잡하기 그지없었다. 특히 전차는 속도가 너무 느려 늘어나는 교통량을 신속히 처리하는 데 지장이 많았다.

김대만 시장은 서울 제2부시장으로 있을 때 전차괘도를 철거하고 차량교통을 원활히 했던 경험을 바탕으로 1968년 5월 전차 운행을 영구 폐지하였으며, 운행 노선에 120대의 버스를 증차시키는 한편 '마이크로 버스'라는 합승 택시와 일반 택시도 대폭 증차시켰다.

시립 공원묘지

살아있는 사람에게 주택이 문제라면 죽은 사람에게는 유택이 문제이다.

나라와 시대에 따라 망자(亡者)의 시신 처리방법이 매장, 화장, 풍장(風葬) 등 다양하기 이를 데 없고, 화장을 한다 해도 납골(納骨)이냐 산골(散骨)이냐로 판이하게 나뉜다.

우리나라의 경우 요즘은 조선시대 매장 일변도의 장례문화가 많이 달라져서 절대 다수가 화장을 하지만, 아직도 매장하는 경우가 있다. 국토 관리적 차원에서라도 매장을 없애고 화장으로

가야 한다는 목소리가 높고, 매장을 하더라도 묘지 1기 면적을 줄이는 등 법적·제도적으로 노력은 하고 있지만, 지도층, 부유층 일수록 우이독경이나 다를 바 없다. 예나 지금이나 사람의 욕망은 끝이 없어서 이승에서의 영화(榮華)를 저승에까지 가져가려는지 사후의 무덤마저 크고 호화롭게 조성하려 애를 쓰고, 후손들도 그것이 조상에 대한 효도이자, 가문에 대한 체면을 세우는 일이라 생각한다.

우리나라의 묘지제도는 법은 까다롭고 규제는 느슨한 게 탈이다. 전국에 수많은 문중묘지, 가족묘지가 있으나 허가받은 곳은 극소수고 대부분 무허가 불법묘지이다. 그도 그럴 수밖에 없는 것이 묘지허가를 받으려면 차도에 인접하면서 마을에서는 일정 거리 이상 떨어져야 하며, 철길이나 항로에서는 보이지 않아야만 한다. 그리고 풍치지구(風致地區)나 상수도보호구역, 절대농지가 아닌 15도 내외의 경사진 땅을 구하기란 쉬운 일이 아니다. 거기다 허가를 받으려면 관련 부처가 너무 많아서 어지간한 사람들로서는 언감생심 허가받을 엄두를 내지 못한다.

그래서 대부분 사람들은 무허가 사설묘지에 매장하게 되는데, 이것을 문제 삼아 단속하거나 처벌하는 사례도 없거니와 지관(地官)이 정해주는 명당자리를 쫓다 보니 산지(山地) 곳곳이 곰보딱지처럼 보기 흉하고 무질서하기 이를 데 없다.

이처럼 묘지문제가 골칫거리로 대두되자 김대만 시장은 재단법인 '부산영원(현 영락공원)'을 설립했다. 친구인 류몽열 사장에게 책임을 맡겨 두구동 산 80번지 일대 27만 평의 자연녹지 안에 6만 평의 묘역을 조성하고, 기당 1.5평씩 총 2만 9천기를 바둑판처럼 다듬어 놓았다. 이 묘지는 소유권을 팔지 않고 당시 기당 사용료 3만 1천 원과 관리비 4만 2천500원, 총 7만 3천500원을 받고 임대형식을 취했다. 받은 돈 가운데서 사용료는 시에 납부하고 관리비는 부산영원의 수입으로 잡았으나 묘지가 모두 처분된 이후를 대비한 예산 적립이 한 푼도 없어 훗날 이 묘역이 큰 짐덩어리로 남게 되었다.

지금은 시내에서 너무 가깝기도 하고 당초의 주차장, 분수대, 예정지까지 묘역을 추가 조성해서 공원묘지 분위기가 한결 떨어지긴 하지만, 그때로서는 묘지제도에 대한 전향적 접근으로 수십 년간 부산시민의 묘지 걱정을 덜어준 획기적 조치였다.

대신공원 철조망

김대만 시장 시절인 1968년 2월 21일 구덕수원지를 폐쇄하면서 수목이 울창한 대신공원 50만 평을 시민공원으로 지정했다.

그중 17만 평에 대한 관리권을 동아대학교에 이양하자, 학교 측에서는 철조망을 치고 시민들의 아침 등산길을 막아버렸다. 이에 흥분한 시민들이 벌떼처럼 들고 일어났다.

민주당 시절 부산시의회 의장을 지낸 서유주 씨와 구덕산악회장 장두석 씨 등 각계각층의 시민대표 520명이 등산길을 터 달라며 부산시를 비롯한 청와대, 언론사 등에 진정서를 제출했다.

김대만 시장 후임 김덕엽 시장마저 재임 기간 1년도 안 되어 그 자리를 떠나자, 후임으로 최두열 시장이 부임했다. 최 시장은 대신공원에 대한 동아대학교 관리위탁 문제가 시민저항으로 번지고 있는 상황을 중시하여 위탁관리권을 부임 즉시 취소해버렸다. 이에 대해 동아대학교 측은 부산지방법원에 관리권 취소 효력정지 가처분신청서를 제출했지만, 1971년 5월 26일 부산지방법원의 재판 결과 부산시 승소로 귀결이 났다.

1971년 6월 박영수 시장이 부임하자 동아대학교 측은 기다렸다는 듯이 즉각 박영수 시장에게 대신공원 관리권을 되돌려달라며 탄원서를 제출했지만, 1971년 8월 30일 박영수 시장은 철조망을 허물고 대신공원 출입문을 활짝 열어 시민의 품으로 되돌려 주었다. 이로써 1969년 2월에 설치한 철조망이 2년 6개월 만에 제거되었다.

1968년 김대만 시장 때 동아대학교에 관리위탁한 대신공원 17만 평 때문에 겪은 시민들의 고통, 시와 동아대학교 간의 갈등을 생각하면 시장 한 사람의 판단이 시민에게 미치는 영향이 너무 크다는 것을 절감케한다.

제2별관

조개표석유 회장인 신중달 부산상의 회장은 유별스레 김대만 시장을 자주 찾았다. 언젠가 한번은 시장을 만나러 들어가면서 신문지로 감싼 묵직한 것을 비서실 책상 위에 두고 갔다. 한참 후에 시장을 만나고 나와 그냥 가려하자, 어느 비서가 말했다.
"회장님! 이거 가져가셔야지요?"
그러자 "나중에 풀어보시오!" 하고는 가버렸다.
열어보니 돈다발이었다.
"와! 통 큰 회장님이다!"
비서실에 그런 경우는 전무후무했다.

그로부터 얼마 뒤 시청 뒷 마당에 제2별관 건립공사가 착공되었다. 제2별관이 준공되자 제1별관(옛 미나카이백화점 건물)에 있던 상공국 소속 및 산업국 소속 여러 부서가 그리로 옮겼다.

제1별관 빈자리에는 상공회의소가 들어왔다. 얼마 후 그 건물은 상공회의소에서 4천여만 원의 싼값으로 매입했다. 아득한 옛날 일이라지만 이런 일이 있음에도 어찌 그 날카로운 언론과 정보기관에서는 일언반구 말이 없었을까?

바른 소리 하는 간부나 볼멘소리 하는 직원이 한 사람도 없었을까?

뇌물사건으로 구속

자유당 시절 장후영(張厚永)이라는 당시 변호사회 회장이 『법정(法定)』이라는 수준 높은 월간지에 기고한 글에서 '공무원이 뇌물 받는 것을 벌 줄 수 없다'는 이색 주장을 하여 왈가왈부 화제가 된 일이 있었다. 법이란 종교나 도덕과 달라서 보통사람들이 지킬 수 있는 것이어야 하는데, 자유당 시절 공무원의 봉급으로서는 그것을 기대할 수 없다는 것이 그의 논지(論旨)였다.

자유당 때뿐만 아니라 1960년대까지만 해도 말단 공무원의 봉급으로서는 혼자서 자취하며 살아가기조차 어려운데도, 나라의 재정 형편상 어쩔 수 없이 그것을 외면하고 있었던 것이 사실이다.

그래서 장후영 변호사 같은 사람이 뇌물 받은 많은 공무원을 변론하는 글을 게재할 수 있었을 것이다. 같은 논지(論旨)로 말하자면, 기관장들의 판공비도 마찬가지가 아니겠는가. 1960년대 기관장 판공비는 용처에 비하여 턱없이 모자랐다. 기관장의 성품상 전혀 그렇지 않은 분도 있었겠지만 경우에 따라 모자라는 부분을 변칙적 방법으로 메우는 수도 있었을 것이고, 이에 편승하여 사리사욕을 취하는 떳떳지 못한 사례도 전혀 없다고 장담할 수 없다.

김 시장은 1969년 4월 어느 건설회사와 관련된 뇌물수수 혐의로 서울지검에 의하여 헬기편으로 연행되었다. 평소 대인관계가 관인후덕(寬仁厚德)할 뿐 아니라 재임 3년간 구획정리를 통한 도시재정비 사업, 영주동 고지대 아파트 건립 사업, 낙동강 원수를 이용한 상수도 확장과 두구동 시립공원묘지 조성 등 많은 업적을 남긴 분이었다.

부산상공회의소 강석진 회장을 비롯한 상공인들과 변호인 등은 1천290만 원을 업자들로부터 받은 것은 사실일지라도 모자라는 판공비를 보충하여 업무수행에 쓰여진 것이라며 장후영 변호사와 같은 논지로 선처를 호소했으나, 서울지법 재판부는 '어떠한 경우라도 국가행정은 업자들이 상납한 돈으로 운영될 수 없다'며 준엄한 판결문으로 실형을 선고했다. 그의 구속사건을 두고 설왕설래(說往說來)가 많았다.

어떤 이는 1969년 대통령 순시 때 박 대통령이 영주동 아파트 공사비 단가가 서울에 비해 높다고 지적하자 '사람이 살 집인데 그 정도 돈은 들어야 된다'며 말대꾸한 것이 화근이었다는 사람도 있고, 부산시에 배정해 둔 대통령 전용차를 타고 다닌 것이 괘씸죄에 걸렸다는 얘기도 있었다. 그런가 하면 당시 김형욱 중앙정보부장이 당시의 서울시장이었던 김현옥 씨의 뒤를 캐다가 서울시 부시장을 지낸 그가 재수 없게 유탄을 맞았다는 말도 있고, 그의 측근 관리에 원인을 돌리는 사람도 있었다. 어쨌든 이 사건은 김 시장 본인의 수치일 뿐 아니라 부산시사의 씻을 수 없는 오점(汚點)이었다.

측근 관리

공무원을 비롯한 공인은 측근 관리를 잘해야 한다. 특히 시장 같은 고위 공직자는 더욱 그러하다. 시장의 측근이라 소문난 사람이 잘못을 저지르면 그것은 시장의 흠이 된다.

김대만 시장 시절 변 모라는 그의 외척이 부산시 인사과장이란 핵심요직을 차지하고 있었다. 그는 부산시청 출신이 아닌 외부에서 들어왔으니 시 직원들이 누가 누군지 알 턱이 없었다. 그런데도 부산시 인사는 그의 손에서 좌지우지되었다.

그 사람이 김 시장의 집사라는 소문이 있을 정도로 직원들의 불만이 대단했다.

김덕엽 시장
金德燁

1969.4.28. ~ 1970.4.15.
1년

　김덕엽 시장은 1923년 1월 23일 경북 칠곡에서 태어났고, 철도 공무원 재직 중 제7회 고등고시 행정과에 합격한 후 경상북도에서 공무원을 시작했다.
　그 후 경산군수 등을 거쳐 1963년 부산시가 정부 직할시로 승격될 때 내무국장으로 부임했다.

시청회의실에서 확대 간부 회의가 있을 때 그가 들어오면 먼저 들어와 있던 다른 국장과 구청장들이 벌떡 일어나 맞이할 정도로 그의 '카리스마'는 대단했다.

그 후 전남 부지사, 부산 부시장, 내무부 기획관리실장을 역임하였으며 1969년 4월 김대만 시장 후임으로 부산직할시장에 취임했다.

횃불 들고 산업도로 건설

김덕엽 시장이 취임한 것은 경부고속도로 착공 후 1년 2개월쯤 지났을 무렵이었다. 그때 허기도 도시계획국장이 문제를 제기했다.

경부고속도로가 준공되고 차량 교통량이 대폭 증가하면 부산 시내 도로 사정이 그것을 감당할 수 있겠느냐는 것이다. 당시 동래에서 시내로 들어오는 주간선도로는 20~25미터 밖에 되지 않았으며 그 좁은 도로에 버스와 택시 등 온갖 차량이 지나다니고 있었다.

경부고속도로의 종착지인 태광산업에서부터 교육대학 입구 지금의 국제신문사 앞까지는 '산업도'라는 이름으로 이미 도로 계획선이 확정되어 있었지만, 천하태평으로 있다가 갑자기 도로 확장 공사에 불이 붙었다. 무서운 속도로 추진 중인 경부고속도로 개통 때까지 공기를 맞추려니 시일이 너무나 촉박하여 밤에는 횃불까지 켜놓고 철야작업을 강행했다.

마음이 다급해진 김덕엽 시장은 독려차 산업도로 공사현장에 나갔다. 지금의 송월타올 공장 건너편 언덕배기에 철거되지 않은 한두 채 집들을 보고 공사현장 책임자를 불러 도로공사가 이렇게 진척되고 있는데 왜 저 집들은 철거하지 않느냐며 야단을 쳤다. 마침 그때 저쪽에서 그 집 주인이란 사람이 김 시장을 향해 잽싼 걸음으로 다가오더니,

"시장님 대구농고 출신 맞지요? 나도 대구농고 출신입니다."

먼저 자기소개를 해놓고는 따지듯 분통을 터트리는 그의 얘기는 이러했다.

동래 지역의 대동맥이나 다름없는 이 도로가 교대 앞에서 온천천을 따라 직선으로 개설돼야지 작은 공장 하나를 피하느라고 활처럼 구부러진 것도 이해가 되지 않거니와 들리는 말로는 시청 조 모 도로과장이 자기 땅이 있는 곳으로 도로를 끌어들이려고 이렇게 굴절(屈折)시킨 것이라니 철저히 조사해 달라는 것이었다.

물론 도로란 지형지물과 보상비, 공사비의 절약문제 등으로

선형이 굽을 수야 있다. 그러나 이 작은 공장의 건물 보상비를 줄이기 위해 그 넓은 도로를 구부러지게 한 것도 그렇고, 더구나 관계자 소유의 땅이 그곳에 있었다면 더더욱 오해를 받을 만했다.

어쨌든 그런 일이 있은 지 얼마 뒤에 구설수에 올랐던 조 모 과장과 업무감독자인 백 모 국장이 고위 기술직으로는 전무후무하게 다른 도로 전보되어 갔다. 이 일은 부산시 공무원 전체에 먹칠을 한 부끄러운 일이다.

노견(路肩)이 뭐꼬?

1969년 대통령 연두 순시 때의 일이다. 언제나처럼 박정희 대통령은 그날 부산시 연두 순시를 마치고 해운대 극동호텔에서 하룻밤 머물게 되었다.

저녁 식사가 끝나고 안에서는 대통령과 시장 단둘이서 무슨 말씀을 나누고 계시다는 소식이 흘러나왔는데 장장 한 시간이 지나도록 감감 무소식이었다. 모두들 궁금해서 기다리고 있는데 갑자기 김덕엽 시장이 복도로 달려 나오며, "건설국장! 건설국장! 정재규 국장 어디 있노?" 하고 다급한 목소리로 건설국장을 찾았다. 마침 다른 곳에 있던 정 국장이 헐레벌떡 달려오자 대뜸 "노건이 뭐꼬?" 하는 것이다.

　김 시장은 국장의 설명을 듣고는 쏜살같이 방으로 되돌아갔는데 나중에 상황이 끝나고 나서 들려준 당시의 상황은 이러했다.

　대통령께서 시장과 마주 앉아 16절 갱지에 직접 메모도 하고 현장도면을 그려가며 여러 가지 지시를 하는데, 거기에 노견(路肩)이란 글을 쓰셨다. 아무리 생각해봐도 그 뜻을 알 수가 없어 고민을 하고 있는데 마침 그때 어른께서 화장실에 들어가시는지라 물실호기(勿失好機), 이때다 싶어 얼른 달려 나와서는 그 단어의 뜻을 묻게 된 것이라 했다.

　요즈음이야 어지간한 건설용어는 상식화되어 있고 특히 시 공무원으로 오래 근무하다 보면 노견이란 길의 양 어깨, 다시 말해서 갓길을 두고 하는 말이란 것을 쉽게 알고들 있지만 50년 전에는 흔히 접할 수 없던 생소한 전문용어였다.

　그 당시의 대통령 연두 순시는 1년에 단 한 번 있었는데 시장에 대한 종합성적평가와 같은 성격이 짙어, 점수를 따면 발탁 영전될 수도 있고 잘못해서 찍히면 좌천되거나 옷을 벗을 수도 있는 것이었다. 그러니 '노견'이란 어찌 보면 대수롭지 않은 단어 하나이지만 그것을 시장이 모른다면 건설에 대해서는 문외한이란 인상을 줄 수도 있는 것이니 시장으로서는 당황스럽고 긴장했던 것을 이해할 수 있다.

어쨌든 김 시장은 그때 대통령이 친필 메모한 16절 갱지 네 장을 받았는데 그것을 가보로 간직하겠다며 액자에 넣어 소중히 보관하였다. 그 당시 대통령의 친필 메모에는 아주 구체적인 부문까지 소상하게 적혀 있었다. 예컨대 부산진시장 옆 네거리를 꼼꼼히 그림 그리듯 그려놓고 신호등과 교통순경의 위치까지 표기함은 물론 도로를 가로질러 육교는 이렇게 세워라 하는 것까지 그려 넣었다.

지금도 가끔 고속도로 같은 넓은 길을 지나칠 때면 길 가장자리의 노견을 바라보면서 그 옛날 김 시장의 당황해 하던 모습과 대통령의 꼼꼼한 지시가 담긴 메모지를 머릿속에 떠올린다. 국민들이나 공무원들 모두가 참으로 억척같이 일하던 그때 그 시절이 눈에 선하다.

시청 이전 엉터리 기공식

조방지구(범일지구) 구획정리사업은 규모 면에서 사상공업지구와 대연동 신부산지구 다음으로 넓은 면적인 1천340만 평방킬로미터였다.

사업을 마무리하고 나서 체비지가 팔리지 않자 김대만 시장

후임으로 부임한 김덕엽 시장은 특유의 기발한 발상을 하게 되었다. 느닷없이 부산시청을 조방 앞으로 옮긴다는 것이다.

1989년 그가 부임하고 얼마 후 새로 옮겨갈 시청사에 대한 현상 설계 공모를 하여 10여 점의 작품 중 당선작까지 발표하였다. 이 건물은 시청사뿐만 아니라 앞으로 지방자치 시대를 내다보아 시의회 건물과 경찰국까지 포함되어 있었다.

드디어 1970년 1월 4일, 옛날 조선방직공장 자리에서 부산시청 신청사 기공식이 있었다. 시장과 시 직원들의 시무식을 겸한 그날 행사는 성대했다. 시청이 조방터로 간다는 계획을 믿고 부산시 교육청이 먼저 그곳으로 옮겼지만 어찌된 영문인지 시청 이전 사업은 백지화되었고 부산시에서는 해명 한 번 없었다.

항간에서는 '시청 이전'이라는 엉터리 기공식을 하여 그것을 기폭제로 체비지를 비싸게 팔아먹으려는(?) 얄팍한 속임수였다고 말들이 많았다.

그땐 부산시의 채무가 너무 많아 다급하긴 했겠지만 어쩐지 부끄럽다.

저가 아파트 기공식

　김덕엽 시장은 성격이 불같이 급하면서도 소탈해서 말단 직원들과 스스럼없이 술자리를 같이 할 수 있는 가식 없는 분이었다.

　재임 중 그의 시정 역점은 한마디로 말해서 서민 위주의 행정이었다. 고지대 영세민들을 위한 시책을 많이 펼쳤다. 고지대의 야간 급수지역과 시간제 급수지역에 대한 급수 시간을 늘리도록 양수장의 가압(加壓)시설을 보강하라 지시하기도 하고, 청소차·분뇨수거차·방역차 운행시간표를 작성해서 고지대 서민생활에 차질이 없도록 하라며 국장회의 때마다 거듭거듭 당부하기도 했다. 또한 1969년 한 해 동안 좌천동, 수정동, 보수동 고지대와 영도 봉래산 중턱에 건평 10평에서 12평짜리 서민아파트 3천여 세대를 차례차례 지어 나갔다. 그는 부산의 취약지인 고지대를 아파트로 병풍처럼 둘러쳐서 도시 경관을 일신하겠다며 의욕이 대단했다. 건립 단가도 서울 김현옥 시장과 경쟁이라도 하듯 낮은 가격이었다.

　그러나 이듬해 4월 김 시장이 부산을 떠나기 직전 저가(低價) 시공을 자랑하던 서울의 와우아파트가 무너져 11명의 사망자를 내자, 그가 재임 중 건립한 고지대 저가 아파트에 대한 대대적인 보강공사를 위해 많은 예산을 투입하기도 했다.

범일 고가도로 공사

누군가의 꾀임에 빠졌던지 아니면 서울의 3·1고가도로와 유사한 고가도로를 하나 건설하고 싶었던지, 김 시장은 동구 좌천동 가구거리 입구에서부터 삼일극장, 구 교통부로터리, 그리고 범냇골로터리로 이어지는 범일고가도로 건설계획을 발표하고 의욕적으로 밀어붙였다.

그러나 고가도로 건설 문제는 계획 초기 단계에서부터 왈가왈부 말이 많았다. 그 구간은 대부분 도로 폭이 20미터 미만으로 대단히 협소한 데다 일부는 인도마저 없었다. 이렇게 협소한 도로 위에 너비 14미터의 고가도로가 들어선다면 길가 집들의 생활환경이 큰 문제로 대두될 것이니, 차라리 그 예산으로 좁은 도로를 확장하는 사업이 우선되어야 한다는 의견도 제시되었다.

언젠가는 시청 출입 기자들과 저녁을 같이 하는 자리에서 고가도로 건설에 대한 얘기로 설왕설래(說往說來)했는데 술이 거나해지자 평소에도 당돌할 정도로 직설적인 부산일보사의 김 모

기자가 반론을 제기했다.

"그 택도 아인 계획 집어치우소!"

그러자 김 시장이 발끈해서 "이 콩알만 한 기 뭐라 카노!" 하고 반격했다. 순식간에 술상이 뒤집어지고 자리는 난장판이 되고 말았다는 일화다.

어쨌든 고가도로 건설사업은 그대로 진행되었다. 교통부로터리 인근 일부 구간에 교각이 제법 올라갈 무렵인 1970년 4월 김덕엽 시장이 경북지사로 옮겨가자, 공사는 후임 최두열 시장에 의하여 중단되고 세우던 교각은 철거되었다.

요란한 대통령 순시 준비

1970년 1월에 있을 대통령 연두 순시 때 김덕엽 시장은 대통령께 보고할 문안을 정리하느라 지나칠 정도로 요란법석을 떨었다.

물론 그때의 대통령 지방 순시는 시도지사의 시험이나 마찬가지여서 신경 쓰이는 게 당연하지만, 보고 문안을 작성하는 일은 기획실에서 하는 일이고 마지막 다듬고 손질하는 일은 하철 중 시정전문위원의 도움을 받는 게 그간의 관례였다.

그런데 김덕엽 시장은 아예 기획실의 안을 송두리째 무시하고 이것을 각 국장들에게 맡겼다. 그러고는 해운대 극동호텔 넓은 회의실을 하나 빌려서 퇴근 후 밤샘 작업을 하다시피 했는데, 총괄 지휘는 강신익 부시장(훗날 제주지사)이 맡았다.

뒤쪽에 멀찍이 앉아있는 기획실 직원들 사이에서는 '국장들이라고 보고 문안을 잘 만드느냐?', '각자가 만든 저 문안을 누가 무슨 재주로 연결시키느냐?' 볼멘소리가 터져 나왔다.

어쨌든 김 시장은 그때 대통령 순시 직후 경북지사로 옮겨갔다.

최두열 시장
崔杜烈

1970.4.16. ~ 1971.6.11.
1년 1개월

고등고시 양과 합격

최두열 시장은 1932년 7월 12일 경남 고성군 동해면에서 태어났다. 부산시 보사국장을 지낸 하만영과 함께 진주사범학교를 다니다가 부산사범학교로 전학하여 졸업한 후 서울대 법대를 졸업했다.

서울대 법대 2학년 때 고등고시 사법과에 합격한 후, 다음 해 행정과에 수석 합격했다. 그는 판검사의 길을 마다하고 경찰직에 몸을 담아 승승장구, 1964년 32세의 나이로 부산시경 국장에 임명되었다.

최두열과 김현옥의 인연

사람의 인연은 때에 따라 그의 운명을 좌우한다.

최두열이 부산시경 국장 재임 시절 김현옥 시장과는 그야말로 찰떡궁합이었다. 김 시장의 최초 역점사업인 부두지구 토지구획정리사업을 성공시킨 실질적 주역은 최두열이라 할 정도로 그 사업을 발 벗고 나서서 도왔다.

당시 부두지구는 허름한 무허가 건물로, 도시 경관을 해칠 뿐만 아니라 주정뱅이 깡패들이 우글거리는 소굴이었다. 오죽했으면 김현옥 시장이 부두지구 구획정리사업을 그의 첫째 과업으로 삼았겠는가. 아마도 제3항만 사령관 시절부터 그 지역을 눈엣가시처럼 생각하지 않았을까.

그러나 막상 무허가 건물 철거작업을 시작하고 보니 깡패들의 저항이 너무나 격렬했다. 행정직 공무원들이 어찌할 바를 모르고 있을 때, 열혈 사나이 김현옥 시장은 직접 전단지 도안에 관여했고 팔팔하게 젊은 최두열 시경국장은 그것을 가져가서 경찰을 진두지휘하여 골목마다 뿌렸다.

김현옥 시장은 '이곳을 내가 정리하지 못하면 불이라도 싸질러 버리겠다' 할 정도였으니, 그때 최두열 국장이 얼마나 고마웠을까?

두 사람의 인연은 오래 지속되었다. 김현옥이 서울시장으로 있을 때 최두열은 서울시경 국장으로 있었고, 김현옥이 내무부 장관으로 있을 때 최두열은 치안국장으로 있었다. 그런 그가 1970년 4월 16일 김덕엽 시장의 후임 시장으로 취임했다.

범일 고가도로 공사 중단

최두열 시장 취임 후 첫 사업은 전임 김덕엽 시장이 저돌적으로 밀어붙인 범일 고가로 공사를 중단시킨 것이다.

그 공사는 처음부터 말도 많고 탈도 많았다. 관계 공무원들 모두 불가 의견을 올리고 지역 주민들은 시장을 방문하여 통사정을 했다. 데모를 하고 행정소송까지 제기했다. 보다 못한 비서들, 기자들, 모두가 반대 의견이었다.

20미터 노폭에 14미터 고가도로라니 도대체 말이 되는가?

그러나 김 시장은 무엇에 홀린 듯 막무가내로 밀어붙였다.

1970년 4월 최 시장이 부임할 당시에는 교통부로터리 근처엔 교각이 1, 2미터 정도 올라가고 있었는데, 그것이 모두 철거되었으니 이런 일은 부산시 유사 이래 전무후무한 일이었다. 그 후 최두열 시장은 1970년 7월 28일 좌천동 BBS회관에서부터 속칭 교통부로터리 범일육교까지 고가교 철거구간에 대한 도로 확장 공사에 착수했다.

시립박물관 기공

세계를 여행할 때 아름다운 경치도 즐기지만 그곳 박물관을 찾을 때가 많다. 영국 런던에 가면 대영박물관을 찾게 되고 프랑스 파리에 가면 루브르박물관을 찾게 된다. 박물관이 아니면 잠시 잠깐 스쳐 지나가는 그 나라 그 도시의 유구한 역사를 어찌 알 수 있으랴?

부산은 개항된 지 100년이고, 6·25전쟁 때는 임시수도로서 온갖 풍상을 다 겪었는데 1970년까지 박물관이 없었다.

　도시 개발도 중요하고 건설도 중요하지만 부산의 뿌리, 부산의 역사를 한눈에 볼 수 있는 박물관을 지어야 한다며 깃대를 든 사람은 서울 법대 출신에 고등고시 양과를 합격한 최두열 시장이다. 그는 1970년 4월에 부산시장에 취임한 이래 끊임없이 이 문제를 제기하다가 1971년 1월 11일 드디어 박물관 기공식을 가졌다.

　부산시 박물관이 처음 개관했을 때 관장 직급은 별정직 이사관이었고, 초대 관장으로 박경원 전 경남여고 교장을 모셔왔다. 그러나 역사와 문화를 중시하던 가치관은 시류에 밀렸다. 관장의 직급은 부이사관급으로 추락하더니 시청 과장급인 서기관 급 그것도 별정직인 계약직으로서 몇 년 지나면 바뀌고 또 바뀐다. 언제 어느 시장이 우리들의 문화와 역사를 높이 평가하여 박물관의 존재감을 되살릴 수 있을 것인지 생각할수록 아득하다.

동래별장에 앰뷸런스 대기

　술을 경계하란 뜻으로 하는 말 중에 '처음에는 사람이 술을 마시고, 다음은 술이 술을 마시고 나중에는 술이 사람을 마신다'는 격언이 있고, 『법화경』에도 비슷한 구절이 있단다. 대체로 맞는 말이다. 그러나 더러는 예외인 경우도 있는 모양이다.

폭탄주를 유행시킨 것이라든지, 폭음을 하는 술문화는 군사정권의 유산이라고들 한다. 그러나 군대와는 거리가 먼 문민 출신 시장이나 간부들 가운데서도 술이라면 두주불사하는 이들이 많았다.

시장 가운데서는 대체로 김현옥, 최두열, 안상영, 정문화 시장을 들 수가 있고, 간부들 중에서도 김태조, 옥성선, 성호덕, 최춘택 씨 등이 소문나 있다. 이분들의 술에 얽힌 얘기는 너무 많지만 그중에서도 최두열 시장은 발군의 대주가였다.

1970년 4월 최 시장이 부산시장에 부임할 때는 38세의 창창한 젊은 나이였다. 그는 오래전에 부산시경 국장을 역임한 데다 항상 웃는 얼굴로 인자(仁慈)해서 아는 사람도 많고 따르는 사람도 많았다. 부산시장으로는 1년 남짓 재임했지만, 그는 여러 측면에서 너무나 인상적인 시장이었다.

부산시경 국장 시절, 당시만 해도 네거리에 수신호를 하느라 고정 배치된 교통순경이 많았는데 조금은 과장된 듯도 하지만 최 시장이 그들의 이름을 다 외우고 있다는 소문이 났을 정도다. 부산시장 부임 몇 달 뒤부터 과장급 간부들을 언제, 어디서 만나도 "아무개 과장!" 하고 그 사람의 직책 앞에 정확히 이름을 붙여 불러 당사자는 물론이고 주위 사람들을 놀라게 했다.

그는 젊은 나이인데도 성품이 너무나 너그러웠다. 전임 시장 때는 결재받던 부하들이 긴장하여 하려던 얘기도 다 못했는데, 최 시장에게 결재를 받다 보면 편안한 마음으로 온갖 속마음까지 다 털어놓게 된다는 것이다.

각설(却說)하고, 술에 얽힌 그의 일화는 너무 많지만 한 가지만 얘기해 보기로 하자. 그가 부임한 지 1주년 되던 1971년 4월 대통령선거에서 재선된 박정희 대통령이 그간 수고했다며 최 시장에게 전화를 걸어 왔다. 취임 1주년인 데다 대통령의 따뜻한 격려전화까지 받고 보니 기분이 좋았다. 최 시장은 겸사겸사 산하 간부 직원 수십 명을 동래별장으로 오라고 하여 주연(酒宴)을 베풀었다.

믿기지 않는 일은 처음부터 술로 골병을 들이기로 작정을 한 것인지, 앰뷸런스까지 대기시켰다는 것이다. 술자리의 분위기가 무르익자 최 시장의 음주스타일이 발동하기 시작했다. 대접을 하나 가져오라고 해서 자신부터 한 잔 마시고는 마음 내키는 대로 한 사람씩 불러서 술을 권했다.

"아무개 과장 술 좀 하제?"

최 시장은 술을 권하면서, 그 무렵 주당들 사이에 유행하던 '노털카찡'의 준엄한 주법(酒法)을 시행했으니, 숨도 못 쉬고 마실 수밖에 도리가 없었다. '노털카쩡'이란 놓아도 안 되고, 술방울을 남겨 털어도 안 되며, 마시고나서 "캬" 하는 소리를 내어서도 안 되고, 찡그려서도 안 된다는 것이었다. 만일 이를 위반하면 또 한 잔의 벌주를 마셔야 했다.

최 시장은 그런 일이 있은 다음 날이면 정시에 출근해서 여러 사무실을 돌며 전 날 저녁 같이 마신 주당들의 출근상태를 살폈다. 결근한 사람이 있으면 싱긋 웃으면서 "그 정도 가지고!" 오히려 기분 좋은 표정이었다.

그러니 진짜로 쓰러진 사람도 있고 가짜로 벌렁 드러눕는 사람도 있었는데, 유독 최춘택 한 사람이 눈치 없이 버티는지라 누워 있던 누군가가 취한 척 그를 발로 차서 넘어트렸단다.

노포동 골프장 건설

최 시장의 업적 중 하나는 1970년 8월 8일 노포동 골프장 기공식을 가진 것이다.

골프장 건설 문제는 금정산이나 황령산 안에 드넓은 사유지를 가진 사람들이 여러 번 시도한 적이 있었으나, 일반 서민들의 부정적 시각을 의식해서 번번이 좌절되었는데 유일하게 최 시장 재임시절 그것을 성사시켰다.

훗날 전두환 대통령 때 삼천리연탄이란 기업체에서 서슬 퍼런 5공 시절 청와대를 움직여 금정산에 골프장을 건설코자 시도한 적이 있었지만, 지역 언론과 시민 반대 여론에 부딪혀 무산된 적이 있었다. 삼천리연탄에서 골프장을 건설코자 하던 땅은 북문에서 동문으로 가는 능선 아래 행글라이더를 타고 날아오르는 밋밋한 땅 수만 평 드넓은 곳이었다. 만일 그곳에 골프장을 건설하면 그곳 능선을 지나다니는 수많은 시민들이 어떻게 보겠느냐는 것이다.

그때 안상영 시장은 반대 여론의 보도자료를 한 권의 책으로 만들어 청와대를 방문하는 등 야단법석을 떨었다. 그밖에도 여러 차례 비슷한 일이 있었으나 모두가 무산되었다.

세상은 바뀌고 관광객도 늘어나고 골프 인구도 늘어나는데 지금도 골프장 건설은 쉬운 일이 아니다.

노동청의 기틀을 잡다

부산시장을 그만둔 얼마 후 최 시장이 노동청장으로 부임할 당시는 노동운동에 대한 사회적 인식도 부족했고 노동행정에 대한 기틀도 잡히지 않은 초창기였다.

박정희 대통령의 신임이 각별했던 그는 수시로 대통령과 면담하는 자리에서 여러 선진국의 사례를 예로 들며, 앞으로 노동운동의 전망과 노동행정의 중요성을 말씀드리곤 했다. 그래서 최두열이 노동청장으로 있던 그때 노동청 기구와 인력이 대폭 확대되었다.

그가 노동청장으로 부임하기까지만 해도 전임 청장이 호남 출신이라 그랬던지 직원들도 주요 요직은 호남 일색이었는데, 특정 지역의 지나친 색깔을 빼느라고 애를 먹었단다. 그의 명석한 두뇌와 호방한 성격이 아니었으면 불가능했던 일들이다.

마지막 도전과 실패

1985년 12대 국회의원 선거 때 누군가 최두열 전 시장에게 권유하여 부산 북구에서 민정당 공천으로 국회의원에 입후보 했지만 민주당 후보인 신상우에게 패하여 낙선의 쓴 잔을 마셨다.

김현옥이 민선시장에 출마한 것도, 최두열이 국회의원에 출마한 것도 과욕이 부른 인생의 마지막 실수라 할 수 있지 않을까?

박영수 시장
朴英秀

1971.6.12. ~ 1977.7.6.
6년

임명직 최장수 시장

박영수 시장은 1928년 4월 1일 경남 삼천포시에서 태어났다. 1941년 현 삼천포초등학교를 졸업하고 해방 직전인 1944년 일본에서 중학교를 졸업했다.

정부가 수립된 이후 육군사관학교, 국방대학원, 육군대학교 등을 졸업했고, 1961년 5·16군사정변 이후 강원, 경남, 부산에서 경찰국장으로 재직했으며, 1966년 대통령 비서실 특별 민정반장에 기용되기도 했다.

그 후 1968년 치안국장을 거쳐 내무부차관으로 있던 그는 1971년 6월 12일 부산직할시장으로 취임하여 6년 1개월간 재직했다.

박 시장의 줄담배

역대 부산시장 중에서 애연가(愛煙家)를 꼽으라면 아마도 박영수 시장이 단연 으뜸이 아닐까 싶다.

박 시장이 하루에 피우는 담배는 두 갑 반이라는 사람이 있는가 하면 세 갑이란 사람도 있을 정도였다. 복잡한 결재서류를 앞에 놓고 미간을 약간 찡그린 듯 심각한 표정을 지으면서 오른손에 든 볼펜으로 무언가를 열심히 적고 있을 때도 왼손 검지와 중지 사이에는 언제나 모락모락 타오르는 담배 한 개비가 어김없이 끼워져 있었다.

가끔 심호흡을 하듯 깊숙이 들이마셨다가 천천히 내어 뿜는데 아마도 그럴 때에 정신력이 어느 한 곳에 집중되고 무언가 새로운 아이디어가 솟아나는가 싶었다. 그렇게 결재서류를 보완해서 고치는 동안 옆에서 바라보는 직원들의 마음은 아슬아슬. 손가락 사이에 끼워진 담뱃불이 타들어가서 사그라진 담뱃재가 떨어질 듯 말 듯 한데도 그는 아랑곳하지 않았다.

이렇게 담배를 즐겨 피우는 박 시장이니 담배에 얽힌 재미있는 일화 한 토막이 없을 수 있겠는가.

박 시장은 신경이 곤두설 때 줄담배를 피우는데 담배를 피우면서 일에 몰두하다 보면 남의 라이터를 자기 호주머니에 집어넣을 때도 있고, 자기 라이터를 잃어버리는 일은 더더욱 다반사다. 언젠가 일본 출장 중 박 시장은 거의 매일 같이 라이터를 잃어버리고는 자꾸만 라이터를 찾는지라, 수행한 곽윤섭(훗날 동구청장 역임) 비서관이 궁리 끝에 열 개씩 비닐봉지에 누벼 놓은 싸구려 라이터를 사서 한꺼번에 드렸더니 한번 째려보고는 빙긋이 웃으면서 받더란다.

또 하나의 에피소드는 1974년 대통령 연두 순시를 앞두고 그 준비에 여념이 없을 때다. 그때 대통령에 대한 업무보고는 '시나리오'를 읽어나가도록 되어 있는데, 순시 날짜가 임박하여 예행연습을 하고 있을 때의 얘기다.

차트를 걸어두고 한 장 한 장 내용을 훑어보다가 새마을 부문 내용이 마음에 들지 않아 옆에 서있는 곽만섭(훗날 부산시 부시장) 새마을과장에게 기합을 주면서도 계속 줄담배를 피우는지라 옆에 앉은 권순복 기획관리실장은 차트를 설명하랴, 라이터로 시장에게 담뱃불을 붙여 드리랴 정신없이 바빴다.

그런데 박 시장이 피우던 담배를 재떨이에 걸쳐두고 포크로 접시에 담아둔 사과를 찍어 입으로 가져가는 순간, 차트 내용을 설명하던 권순복 기획관리실장이 갑자기 라이터를 시장의 턱 밑에 들이밀고는 '탁' 하고 불을 켰다.
"허허허…." 좀처럼 웃지 않던 박 시장이 파안대소를 했고, 옆에 배석한 모두가 배꼽을 쥐고 따라 웃었다. 뿐만 아니라 내용이 마음에 들지 않아 짜증만 부리던 문제의 새마을 부문 차트 항목도 그 일로 해서 무사히 넘어갔다.

구덕수원지 붕괴

지금도 가끔 구덕터널을 지날 때면 그 옛날 참담했던 구덕수원지 붕괴 사고가 생각난다.

1972년 9월 14일 아침 8시 30분경 참으로 몸서리치도록 끔찍한 상황이 벌어졌다. 전날인 13일 저녁부터 밤새 내린 폭우로 대신동 공설운동장 뒤편, 구덕산 기슭에 있는 수원지의 물이 갑자기 불어나 둑이 터지고 저수량 16만 톤의 물이 한꺼번에 쏟아져서 보수천 상류 작은 개울가의 허름한 판잣집들을 순식간에 쓸어버린 것이다. 이때 사망자는 72명(일부 기록에는 60명)이었다.

구덕수원지는 1909년에 완공되어 59년간 수원지 역할을 하다가 1968년에 폐쇄되었는데, 폐쇄된 지 4년 만에 이 끔찍한 참사를 불러온 것이다. 9·14 폭우로 불리는 장대비가 쏟아진 다음 날 아침, 직원들이 출근을 하자 마자 청내 방송을 통해 구덕수원지가 붕괴되어 수많은 인명 피해가 생겼다는 것을 알렸다. 즉시 본청 직원들이 사태 수습에 동원되었고, 일부 직원은 대학병원에서 사망자 유족과 부상자 대책반에 배속되었는데 그때 참상과 고통은 이루 형언할 수가 없었다.

박영수 시장은 그해 6월에 부임했는데 부임 3개월 만인 9월에 이런 날벼락을 당하고 10월 중순부터는 국회의원들의 국정감사가 시작되었다. 예상했던 대로 국회의원들의 강도 높은 질책이 퍼부어지고 시장 이하 공무원들은 죽을 죄인이 되어 잔뜩 주눅이 들어 있었다. 국회의원들이 호통치는 소리가 얼마나 크던지 국정감사장이 마련된 2층 회의실 입구 복도에까지 들릴 정도였다.

그때 2층 화장실에서 소변을 보던 당시 서정화 부시장(내무부장관 역임)이 혼자 소리로 "짜아식들, 내일 일도 모르는 것들이…" 하고 중얼거렸다.

그런데 그 이튿날인 1972년 10월 17일 대통령 특별선언이 발표되고 전국에 비상계엄령이 선포되는 한편 국회가 해산되었다. 이것이 그 유명한 10월 유신이다. 전날까지 국정감사에 임했던 국회의원들은 광복동 입구 동양관광호텔(지금은 철거)에서 묵었는데 각자가 뿔뿔이 흩어져서 상경하고 말았다.

사람의 운명은 참으로 알 수가 없는 것이다. 어쭙잖은 작은 사고로도 도의적 책임 운운하면서 옷을 벗어야 했던 칼날 같던 군사정권 치하에서, 박 시장은 이렇게 위기를 모면하고도 만 6년간 역대 최장수 시장이란 기록을 남기고 그 뒤로도 서울특별시장, 대통령 비서실장 등 요직을 두루 역임했다.

박 시장과 정 총장

1973년 8월 어느 날, 박영수 시장은 느닷없이 박찬주 위생과장을 집무실로 불렀다. 과장이 득달같이 달려가자 하는 말이 "어른을 모시는 극동호텔 위생 상태가 그게 뭐요! 화장실 수건에선 냄새가 나질 않나, 샅샅이 점검해서 혼찌검을 내도록 해요! 나가 봐요!"

　노기등등한 서슬에 시장의 고향 친척이기도 한 박 과장은 "무슨 일이 있었습니까?" 하고 한마디 물어보지도 못하고, "예예." 하면서 물러 나왔다.

　사무실로 돌아와서 숙박업소 담당 계장과 머리를 맞대고 앉아 시장이 갑자기 왜 그런 지시를 했을까? 아무리 궁리를 하고 숙의를 해봐도 확실한 까닭을 알 수가 없었다. 혹시 시장이 손님을 만나러 해운대에 있는 극동호텔에 들렀다가 화장실 수건에 냄새가 나서 그랬을까? 그러나 아무리 그렇다고 노기등등할 것까지야 없지 않은가. 극동호텔에 대해 혼찌검을 낸다? 혼찌검을 낸다는 것은 강한 행정처벌을 하라는 것인데, 그러자면 그럴만한 합당한 사유가 있어야 할 것이다. 화장실 수건이 불결하다는 정도로 강한 행정처분을 할 수는 없는 것이 아닌가. 그리고 느닷없이 극동호텔만 위생검사를 하자니 그것도 모양새가 조금 이상하다는 생각이 들었다. 혹시 VIP라도 온다면 그런 핑계라도 댈 수 있으련만 VIP의 지방 순시는 연초에 이미 끝났다.

　하는 수 없이 관광호텔 특별 점검계획을 세웠다. 그리고 계장을 반장으로 하여 제일 먼저 달려간 곳은 두말할 필요도 없이 극동호텔이었다. 그러나 호텔 구석구석을 샅샅이 돌아다녀도 그럴만한 꼬투리가 잡히지 않았다. 하는 수 없이 그냥 돌아서는데 우 모 지배인이 한사코 그들을 사무실로 끌어들인다. 차나 한잔 하고 가라지만 내심은 까닭을 알고 싶었을 것이다. 그의 속셈을 계장 이하 직원들이 모를 턱이야 없지만 우 지배인은 지난날 시청 중견간부로 있었던 대선배라 엉거주춤 끌려 들어갔다.

찻잔을 앞에 놓고 이런저런 얘기를 하면서 점검 차 나온 계장은 탁자 위에 있는 숙박계 철(綴)을 별생각 없이 뒤적이는데, 그 숙박계 가운데 「별관 1호」란 것이 눈에 띄었다.
"여기 별관이 있어요?" 하고 묻자, 우 지배인이 웃으며 "그런 건 알 필요 없고…" 하면서 숙박계 철을 뺏으려 했다.
순간 무언가 의심이 들어 옥신각신하며 확인한 결과, 한여름 해수욕철에는 객실이 모자란다. 그래서 창고를 임의 개조하여 객실을 만들고 손님을 받은 것이다. 그렇다면 이것은 작은 문제가 아니었다. 건축법과 숙박업법 위반에다 탈세 문제로 번질 수가 있다.

꼬투리는 잡았지만 걱정이 태산이었다. 당시 극동호텔은 외국관광객 예약이 몇 개월 뒤에까지 잡혀 있었다. 그런 상태에서 영업정지 처분 등 강한 처벌을 하면 그 파장은 이만저만이 아닐 것이다. 그러나 시장의 엄명인데 우물쭈물할 수는 없었다. '에라, 모르겠다' 하고 3개월 영업정지 처분 기안을 작성해서 과장에게 결재를 올렸다.

극동호텔 측에서는 신경을 곤두세우고 있다가 그런 정보를 입수했고, 우 지배인으로부터 볼멘소리로 항의성 전화가 왔다. 그때 계장이 한 가지 묘안(?)을 귀띔해줬다. 사실 극동호텔에 대한 장기간 영업정지 처분이 내려지면 외국관광객 예약 취소 등 엄청난 파장이 예상되기 때문에 시로서도 부담스러웠다. 그러니 호텔의 실질적 소유주인 동아대학교 정재환 총장이 시장을 한번 방문토록 해보라. 그랬더니 처음엔 총장의 친동생인 호텔 사장을 보내겠다 운운하다가, 결국 정 총장이 박 시장을 방문했다.

그런 연후 계장은 극동호텔에 대한 3개월 영업정지 처분 결재판을 들고 시장실로 들어갔다. 박 시장은 한참 동안 서류를 이리 뒤척, 저리 뒤척 하더니 관광객들 문제도 있고 하니 이번 한 번만은 엄중 경고 선에서 끝내라 했다. 그때야 계장은 "아하, 그랬었는지도 모르겠구나" 하며 저간의 사정을 어렴풋이나마 짐작해봤다.

그때만 해도 유신 초기라 시장의 영향력은 막강했다. 시도지사를 '지방장관'이란 별칭으로 부르기도 했다. 박 시장은 치안총수와 내무부차관을 역임한 관록과 특유의 장악력으로 여러 기관 단체장 위에 가히 군림하듯 했다. 그러나 동아대학교 정재환 총장의 경우, 지난날 법무부차관을 지낸 공직에서의 관록으로 보나 재력으로 보나 시장에게 꿀릴 것이 없었다. 그런 보이지 않는 역학관계가 저변에 깔려 있었던 건 아니었을까?

그 무렵은 대신공원에 대한 동아대학교 임대 문제를 두고 부산시와 법정 공방을 벌이고 있을 때라, 그 문제로 두 사람 사이에 갈등이 있었는지도 모를 일이다.

청과시장 아주머니들의 데모

1975년 5월 30일 대교동 시청 옆에 있는 무허가 청과시장을 충무동으로 강제 이전시켰다.

며칠 후 나이 지긋한 아주머니 몇 명이 큰 소쿠리에 배추를 잔뜩 이고 시청 정문으로 들어오더니, 1층과 2층 복도를 다니면서 한 포기씩 획획 던지고는 "아~나 많이 처먹어라! 배터지게 처먹어라!" 하는 것이다. 곧이어 수많은 아주머니들이 아우성을 치며 들이닥쳤다. 비상벨이 울려 수많은 직원들이 복도에 나와 보니 이미 복도에는 이리저리 던져 놓은 배추가 짓이겨져 어찌나

미끄러운지 똑바로 걸어 다니기조차 힘들었다.

아주머니들은 아예 작정을 하였는지 모두가 몸뻬 바지 차림을 하고 있었다. 직원들이 그들의 팔을 잡고 밀쳐내면 상대방의 넥타이를 두 손으로 잡고 벌렁 드러누웠다. 고래고함을 지르며 소동을 벌이고 있을 때, 2층 회의실에서 회의를 주재하고 있던 박영수 시장이 나와 보았다.

그때 데모꾼들 중에서 누군가가 손가락으로 박 시장을 가르키면서,

"저놈이다! 키 큰 저놈이 시장이다. 잡아라!"

아우성을 치며 벌떼처럼 달려들어 넥타이를 잡고 드러누웠다.

직원들이 몰려가서 그들을 떼 놓으려 하자,

"이놈들아! 느그는 에미도 없나? 어디를 만지노!"

전경들이 몰려와 그들을 한 사람 두 사람씩 끌고 나가느라 곤욕을 치렀다.

개인택시 탄생

부산에 개인택시가 처음 등장한 것은 1977년 6월, 박영수 시장 시절이었다.

서울에서는 장기 무사고 운전자 중에서 기관단체와 운수업체로부터 배수(倍數) 추천을 받아 개인택시면허를 실시한 직후였다. 박 시장은 무엇인가 보다 투명하고 색다르게 해보고 싶었던지, 당시 운수과장으로 하여금 개인택시 면허기준을 '영업용 택시기사로서 3년 이상 무사고에 3년 이상 부산 거주자를 대상'으로 했다. 그러자 엄청난 신청자가 몰려 공개추첨 방식에 의하여 결정키로 했다.

구덕공설운동장 실내체육관에 신청자들을 모아놓고 당시 주택공사에서 주택복권 추첨 때 사용하던 은행알 추첨기를 빌려 추첨을 했다. 신청자 숫자만큼의 은행알에 일련번호를 붙여 추첨기 안에 넣어두고 추첨기를 빙글빙글 돌리면 은행알이 한 개씩 밖으로 튀어나오게 되는데, 튀어나온 알의 번호와 접수번호가 같은 사람이 당첨되는 것이었다.

혹시라도 은행알 번호를 확인하고 마이크로 외쳐 부르는 과정에서 착오나 오해가 없도록 신청자 대표를 두 사람 선발하여 한 사람은 추첨기를 돌리게 하고 또 한 사람은 튀어나온 은행알의 번호를 확인시켰다. 그것을 운수 과장이 받아서 "몇 번 당첨!" 하고 외치면 박수가 터져 나왔다. 너무나 투명해서 잡음 한 점 없었다.

이렇게 해서 1977년 6월 15일 개인택시 107대가 1차 발대식을 가졌고, 그해에 303대가 면허(免許) 되어 일반 회사택시 3천여 대의 10%를 차지했다.

큰아들 비밀 결혼식

결혼은 인륜지 대사다. 옛날 농촌 마을에서는 어느 집 아들딸들의 혼사가 있으면 온 동네 잔치판이 벌어졌다. 어느 집에서는 단술을 해오고 어느 집에서는 묵을 해오고 그것이 상부상조다.

언제부턴가 도시에서는 결혼 예식장이 우후죽순처럼 들어서고 호텔에서 지나치게 호화판 결혼식을 하는 등 위화감을 조성하고 사회적 문제점으로 대두되자 박정희 대통령 시절 〈가정의례준칙과 가정의례에 관한 법률〉이 제정되었다.

비단 호화 결혼식뿐 아니라 호화 장례식, 호화 묘지까지 문제가 되어 동명목재 강석진 회장이 혹독한 조치를 당한 적도 있다.

특히 고위 공직자 집안에서 경조사가 있으면 정보기관에서 시시콜콜 상부에 보고하기 때문에 여간 신경 쓰이는 일이 아니다. 본인 의사와는 전혀 상관없이 축하객과 문상객이 떼거리로 몰려들고 화환이 몇십 미터씩 늘어서면 호화 결혼식, 호화 장례식이 되는 것이다.

언젠가 부산의 어느 예식장에서 박영수 시장 큰아들의 결혼식이 있었다.

박 시장은 결혼 예식을 극비리에 치르느라고 옛날 군대시절 부하로 있었던 신 모라는 용달차 사장에게 예식 준비를 맡기면서 결혼 하객은 신부 쪽만으로 하고 신랑 쪽은 형제간에게도 일체 비밀로 하라 했다.

그러니 같은 시청에 있던 친동생 박영태 계장도 장조카 결혼식이 있는 줄도 몰랐다. 결혼식이 끝나고 나서야 사실을 알게 된 박영태 계장이 노발대발 결혼식을 준비한 신 아무개의 멱살을 잡고 어찌 이럴 수가 있느냐며 옥신각신하기도 했다.

어쨌든 당시의 가정의례 준칙에 따라 우리 주변의 호화 결혼식은 물론 장례와 제례 문화의 오랜 폐습이 어느 정도 바로잡히는 듯하더니, 세월 지나자 또다시 그 옛날로 회귀하는 듯하다.

박 시장의 대통령 순시 준비

박 시장의 업무 스타일은 요란하지 않다. 결재를 하다가 마음에 들지 않으면, "야 이 친구야!", "아 놈들이!" 하기도 하고 매우 마음에 들지 않으면, "면 서기보다 못한 놈들이! 쯧쯧…" 하기도 했다.

성격이 소탈한 신상돈 과장은 결재를 받은 후 비서실로 나와서는 하하하 웃으면서, "나는 지금부터 시장님의 친구다! 방금 시장님이 나더러 친구라 했다!"

그러자 채낙현 과장이, "나 더러는 면 서기보다 못한 놈이라 하던데, 니 보고는 친구라 해서 좋겠다!"라고 했다는 일화도 있다.

박 시장은 결재서류 내용이 못마땅하면 가차없이 지적하고 나무라면서도 결재를 않고 퇴짜를 놓는 일은 없었다. 고칠 건 고쳐서라도 일단 자기 앞에 온 것은 결론을 내려주었다.

1975년 12월 30일 종무식을 마치고나서 기획계장을 불렀다. 계장이 집무실로 들어오자 박 시장이 물었다.

"각하 연두 순시 업무보고 문제를 좀 생각해봤나?"

"예, 준비되어 있습니다."

"가져와 보게!"

깨끗하게 정서된 차트안과 시나리오를 받아 대충 읽어보고는 매우 만족스러운 표정으로,

"수고했네, 언제 이렇게 작성했어? 이걸 가져가서 복사본을 만들어 한 부는 내게 가져다주고 내일(1월 1일) 오후 6시까지 관사로 오게. 둘이서 다시 한 번 검토해 보자."

계장은 노봉섭 기획담당관과 권순복 기획관리실장과 함께 이튿날 오후 6시 동래 온천장에 있는 시장공관으로 찾아갔다.

박 시장이 방에서 거실로 나왔다.

"내가 차 안에서 또 한 번 읽어봤는데 시나리오 문안 정리가 잘된 것 같아! 계장과 내가 다시 한 번 손을 볼 테니까 두 분은 그냥 돌아가세요!"

차 한잔을 마신 다음 시장과 계장이 별실로 들어가서 고치고 또 고치고 밤을 꼴딱 세웠다.

대통령 업무보고 준비는 그것으로 끝이 났다. 다른 시장들에 비하면 너무나 조용한 준비였다.

빛나는 생애

박영수 시장은 6년 1개월이란 장수시장으로서 수많은 업적을 남겼다. 도시 기본계획 수립, 하수처리장과 컨테이너 전용도로(번영로) 및 제2영도대교 착공, 문화회관 건립 등 헤아릴 수 없는 업적을 남기고 1977년 7월 6일 부산시장직에서 물러났다.

그 후 3년간 통일주체국민회의 사무총장으로 있었고, 2년간 서울특별시장직에 있으면서 서울 올림픽을 유치하는 데 기여했다. 주택공사 사장, 무역진흥공사 사장, 대통령 비서실장을 역임하기도 했다.

그는 요란하지 않은 성실한 공직자로서 강한 듯 따뜻한 사람이었다. 2003년 10월 9일 향년 76세로 빛나는 생애를 마감했다.

최석원 시장
崔錫元
1977.7.7. ~ 1980.1.16.
2년 6개월

세 번째 경찰 출신 시장

최석원 시장은 1931년 경남 김해에서 태어났고 서울 법대를 졸업한 후 제7회 고등고시 행정과에 합격했다.

경찰 공무원으로서 승승장구하여 치안국장까지 역임한 후,

1975년부터 2년간 노동청장으로 재임하다가 1977년 박영수 시장 후임으로 2년 6개월을 재직했다. 경찰에 몸담았던 전력 때문인지, 부하 직원들이 무슨 부정한 일을 저질러 사건 사고가 터질까 봐 늘 신경이 곤두서 있는 모습이었다.

친한 사람 역차별(逆差別)?

팔은 안으로 굽는다는 말이 있다. 까마귀도 고향 까마귀가 좋다는 말도 같은 뜻이리라. 그래서 시 직원들은 자기와 연고 있는 사람이 시장으로 오면 신상에 덕을 보지 않을까 기대가 크다. 그런 기대를 무참히 깨어버린 시장도 있었는데, 1977년 7월에 부임한 최석원 시장이 그러했다. 그는 연고가 있는 사람들에게 덕을 보여 주기는 고사하고 승진 인사 때 오히려 손해까지 보게 했다는 평판이었다.

그가 부임할 때 총무과 박 모 총무계장은 직책으로 보나 서울대학교 문리대를 졸업한 학벌로 보나 다음 승진 인사 때는 매우 유망한 위치에 있었다. 그런 가운데 박 계장과 경남고 동기동창에다 서울대 동문인 최 시장이 부임했으니, 누가 봐도 다음 승진 영순위였다.

하지만 사람들의 예상은 빗나갔다. 어찌된 일인지 영문을 알 수 없는 사람들은 고개를 갸웃거렸다. 시장과 가까운 사람을 승진시키면 자칫 주위 사람들의 오해를 받을 수 있기 때문에 오히려 역차별을 한 것이라며 수군거리기도 하고 안타까워들 했다.

최 시장과 같은 경찰 출신 간부가 애를 먹은 일이 또 있다. 서울대 법대와 고등고시 후배이고 경무관을 지낸 한청수 관광운수국장(훗날 충남지사 역임)에게는 간부회의 때마다 유독 심하게 꾸지람을 해서 주위 사람들조차 민망스러워했다.

신 모 내무국장(경남 창녕 출신)은 한때 최 시장과 같이 서울시경 산하에서 경찰 간부로 재직한 적이 있었다. 한솥밥을 먹던 동료가 시장으로 왔으니 어떤 면에서는 어렵기도 하겠지만 한편으로는 얼마나 반갑고 기대가 컸겠는가. 그런데 두 사람의 관계는 너무나 뜻밖이었다. 걸핏하면 모질게 질책하곤 해서 두 사람 사이에 경찰 재직 시절 무슨 구원(舊怨)이라도 있었던 게 아닌가, 숙덕거리기까지 했다. 언젠가 한번은 최 시장의 친지 한 사람이 상을 당했다. 최 시장은 신 국장더러 조화를 하나 보내라 하고는 이튿날 문상을 가기 위해 신 국장을 불러 상가가 어디쯤이냐고 물었다. 그러자 신 국장은 바쁜 일이 있어 가지 못하고 총무과장에게 시켰노라 대답했다.

하기야 그때까지만 해도 시장 명의로 화환 보내는 일이 너무 많았다. 경조사나 행사 등 시도 때도 없이 보내야 하는 일을 업무에 바쁜 내무국장이 어찌 직접 갈 수 있으랴. 그러니 화환 보내는 일은 과장도 계장도 아닌 직원들이 지정 꽃집에 전화해서 시키는 것이 관행이었고, 그때도 그렇게 처리되었다.

그런데도 최 시장은 신 국장에게 시장의 지시를 이렇게 처리할 수가 있느냐며 호된 질책을 했다고 한다. 그런 일이 있은 지 얼마 뒤, 신 국장이 내무국장 자리를 내던지고 고향인 창녕에서 국회의원 선거에 출마하자 말하기 좋아하는 직원들은 이렇게 말하기도 했다,

"야, 신 국장이 당선돼서 부산시에 국정감사 오면 최 시장 어쩌지?"

신 국장은 아슬아슬한 표 차로 낙선되어 국정감사장에서 최 시장과 맞닥뜨리는 일은 일어나지 않았다.

어쨌든 최 시장 재임 중 그와 가까운 몇몇 사람들과의 관계를 보면 칼날같은 세상 공인으로서의 강박관념 때문일까?

고향 친척 친구들과의 관계가 안타깝다.

중요한 것은 기안 갑지에 써라

　1977년 7월 7일 부산시장으로 부임한 최석원 시장은 부임 날짜마저 행운의 7자가 네 개나 겹쳤으니, 대길(大吉)의 운세라며 아부성 발언을 하는 사람도 있을 정도로 기대가 컸다.

　그는 취임 후 첫 조례석상에서 훈시를 할 때 당시 말썽 많던 운수 행정부터 질타했다. 전임 박영수 시장 재임 때 각종 영업용 차량의 증차 기준(T/O)을 처분하고 용달차 기준 일부가 미처분 상태로 남아 있는 것을 빙빙 비꼬아가며 관계자들이 일부러 농간을 부리는 것이라고 몰아붙였다.
　"교통부에서 기준을 책정해 시달되면 즉각 처분하지 않고 뭣 때문에 쥐고 앉았느냐? 누가 찾아와서 청탁이라도 하지 않나 기다리고 있는 것이냐? 앞으로는 증차 기준이 시달되면 그 이튿날 즉시 처분토록 할 것이다" 등 참으로 서슬이 시퍼랬다.

　권택훈 관광운수국장과 관계자들이 부리나케 용달차 잔여 기준의 처분계획을 입안하여 결재를 올렸지만 이 핑계, 저 핑계로 퇴짜를 놓았다. 고민 끝에 2안 3안, 나중에는 5안 6안, 거기다 누구나 신청만 하면 추첨하여 결정하는 안까지 만들어 올렸으나 온갖 잡음에 신경이 쓰였던지 결심을 못 하고 이듬해 상반기를 훌쩍 넘기도록 처분을 하지 못했다.

그가 부임한 후 1978년도 택시 증차 기준을 처분할 때의 얘기다. 그때 관광운수국장은 최 시장과 마찬가지로 경찰 출신인 한청수 국장(뒷날 충남지사 역임)이었는데, 택시 기준처분을 한 다음 날 시장실에서 개최된 실·국장회의 도중 시장이 경찰국 수사과장에게 느닷없이 전화를 걸었다.

"수사과장! 나 시장인데, 이번에 택시 증차를 많이 해서 문제가 있을지도 모르니 수사를 한번 해보시오. 문제가 있으면 국장이든 직원이든 원칙대로 처리하시오."

그 뒤 일주일간의 수사가 끝나고 운수과장인 필자가 다른 결재를 받으러 갔다.

"시장님, 일주일 동안 수사를 받았는데 티끌만큼도 문제 되는 것이 없었습니다."

"그런데? 뭐 기분 나쁜 거 있어? 나는 그렇게 해서 개운한데, 과장은 뭐 기분 나쁜 게 있는 모양이지?"

시장실을 나오면서 생각해보니 그제야 전임 박영수 시장 생각이 났다. 언젠가 개인택시조합 이사장이 명절 떡값 문제로 경찰에 진정서가 제기되어 운수과에 대한 수사를 시작하자 박 시장은 수사과장에게 전화를 걸었다.

"자네들이 지금 나한테 칼을 겨누는 기가!"

그때 그 일을 생각하자 참 달라도 너무 다르다는 생각을 했다.

대통령의 친인척

공직자가 되면 직위의 크고 작음을 떠나 측근들이 문제를 일으킬 소지가 많다. 그래서 대통령의 경우 청와대에 친인척 관리 부서까지 두고 있다.

아무리 그래도 그것이 잘 지켜지는 경우도 있지만 대통령의 아들들이 구속된 사례도 있고, 가족들의 비리 의혹이 원인이 되어 참담한 일이 발생하기도 했다.

1978년 부산시 운수과에서는 선진국에서 편리하게 활용되고 있는 '콜택시' 면허를 서두르고 있을 때였다.

말쑥한 신사복에 지팡이를 짚은 노인이 할머니의 손을 잡고 운수과장에게 다가와서 간단한 자기소개와 찾아온 연유를 설명했다. 그는 육영수 여사의 이복(異腹) 오라버니인데 교육계에 오래 몸담고 있다가 퇴직하고 보니 자녀교육은 물론 생계가 막연하다며 콜택시 면허신청서를 꺼내 놓았다.

과장은 그가 육영수 여사와의 친인척인 것은 차치하고 그의 딱한 처지와 겸손한 태도에 돕고 싶은 마음이 생겼다. 그래서 그의 이름을 제일 첫번째로 올려놓았다.

그런데 최석원 시장에게 결재를 받을 때 신청자들 명단을 앞에 놓고 "이 사람은 육영수 여사의 이복오빠…" 그러자 느닷없이 사인펜으로 그 이름을 확! 그어 버렸다.

그때 과장은 '아! 대통령의 친인척이 이권에 개입 못 하도록 엄명이 내려져 있구나!' 직감적으로 느낄 수가 있었다.

이것 하나만으로도 입으로는 시도 때도 없이 공정과 정의를 나불대면서 친인척들은 온갖 비리를 저지르는 낯짝 두꺼운 몇몇 대통령들의 뻔뻔스런 모습을 떠올리게 된다.

감천동 문화마을 탄생비화

최 시장 재직 시절인 1970년대 후반기에는 도시 새마을운동과 자연보호 운동의 열기가 고조되고 있었다. 도시 새마을운동은 교통질서, 거리 청소, 변두리 산비탈에 있는 허름한 판잣집 마을을 산뜻한 슬라브 마을로 개조하는 것 등이었다.

대표적인 사례가 감천동 문화마을이다. 속칭 태극도촌이란 마을은 부산의 대표적 불량주택 마을이었는데 너무나 유명한 새마을 지도자 이원선(李元善) 씨는 1978년 새마을운동 방식으로 이곳 불량주택들을 개선해 보겠다고 발벗고 나섰다. 처음에는 시도 그렇고 구도 그렇고 쉽사리 그게 되겠느냐며 반신반의했다.

주택개량조합이 구성되고 본격적으로 개량사업이 추진되었다. 루핑 지붕을 걷어내고 슬레이트를 덮었다. 낡은 슬레이트 건물들은 어느새 산뜻한 슬라브 건물로 새 모습을 드러냈다. 담장과 벽면은 베이지색으로 통일하고 지붕은 하늘색과 초록색, 그리고 빨간색으로 단장을 했다. 비좁고 꼬불꼬불한 골목길도 넓고 반듯반듯하게 고쳐 놓았다. 마을 전체가 천지개벽을 한 것이다. 집 한 채를 손보려 해도 온갖 곳에서 간섭을 하고 우여곡절이 많았는데, 새마을 지도자 한 사람의 집념으로 한 마을 전체를 뜯어고친 것이었다.

농촌 새마을운동의 대표적 성공 사례가 초가집을 없앤 것이라면 감천문화마을은 도시 새마을운동의 대표적 성공 사례인데 실·국장회의 때 강태홍 내무국장이 보고를 해도 최 시장은 가타부타 일언반구 말이 없었다.

새마을 식수헌금 헛발질

1978년 4월 어느 날, 부산직할시 새마을 서훈지도자회(회장 정윤석)에서 새마을 식수성금 200여만 원을 모아 새마을지도과에 전달했다.

정윤석 회장은 부산진구 전포동에 살고 있으면서 매일같이 이른 아침에 일어나 서면 로터리 일대를 돌아다니며 청소를 하는 것으로 유명한 사람이다.

그 무렵에는 이른 아침이면 교회의 종소리가 울리고 청소차 인부들이 골목을 누비며 작은 요령(搖鈴)을 흔들고 다녔다. 그래서 정윤석 회장의 아호(雅號)를 '새벽종' 또는 '효종(曉鐘)'이라 불렀다. 그의 직업은 새마을 지도자인지, 서실 원장인지 모를 정도로 새마을운동에 열정적이고 헌신적이었다.

그런 그가 앞장서서 새마을 지도자의 원로격인 서훈지도자들의 가난한 호주머니를 털어 마련한 성금이라, 새마을 지도과장이 당시 최석원 시장에게 그 사실을 보고 했다.

그러자 최 시장은, "그걸 돈이라고? 당장 재산세 순위 1위에서 50위까지를 불러 부산호텔에서 오찬모임을 갖도록 하시오!"

그래서 부랴부랴 오찬 모임을 가졌는데 결과는 황당할 정도로 빈 깡통이었다. 시장 판공비에서 적잖은 점심값만 날아가고 어이없는 헛발질. 단 몇 사람이라도 사전에 의논하는 등 세심한 준비 없이 엉겁결에 추진한 결과이기도 하지만, 성금이란 돈 많다고 쉽사리 내는 것이 아닌가 보다.

시화, 시목, 시조 결정

1978년 6월 29일, 지긋지긋한 운수과장 자리를 떠나 새마을지도과장으로 부임한 필자의 첫 과제는 내무부 지시에 의하여 각 시도의 상징인 꽃과 나무와 새를 선정하여 7월 1일까지 보고하라는 것이었다.

누구의 자문을 받고 말고 할 시간적 여유가 없었다. 아침마다 열리는 과·계장회의에서 해운대에 동백섬이 있으니 꽃과 나무는 동백으로 하고 새는 갈매기로 하자며 의논을 한 후 내무국장, 부시장의 결재를 받아 시장 결재를 받으러 들어갈 때 마음속으로 혼날 각오를 단단히 했다.

앞으로 부산의 상징이 될 중요한 과제를 시민의 의견을 수렴하지도 않고 방치해둔 전임 과장이나, 계장들과 의논하여 덜렁 들고 온 후임 과장이나, 이것을 문제 삼으면 징계를 받는다 해도 할 말이 없을 정도다.

그러나 그때 필자의 입장은 내무부에서 보고하라는 날짜를 무시하고 시일을 늦추면 내무부에서 각 시도의 시화, 시목, 시조를 일괄 발표할 시일도 늦추어야 하는 문제가 있기 때문에 시민의견을 수렴한다며 버틸 수도 없는 처지였다. 내무부 지시가 지금의 청와대 지시보다 더 엄중한 시절이었다.

잔뜩 긴장하여 결재서류를 시장 앞에 펼쳐 놓으며 설명을 하려는데 시장은 제목만 보고 금방 싸인을 해버렸다. 그래도 무언가 설명을 해야겠다 싶어 말을 건네려 하자 다음 결재 대기자를 손짓하며 불렀다.

집무실을 나오면서 생각해보니 꾸지람을 듣지 않아 다행이란 생각보다 너무나 황당했다.

'아! 이분의 업무 스타일은 사안의 경중보다 이권 업무냐, 아니냐 거기에 신경이 곤두서 있구나….'

대통령의 분향소

최석원 시장 2년 6개월 재임 중 후반기는 참으로 격동의 시절이었다. 부산대학교 학생시위로 촉발된 부마항쟁으로 1979년 10월 18일 부산 전역에 계엄령이 선포되었다.

10월 26일에는 청와대 궁정동 안가에서 박정희 대통령이 김재규 중앙정보부장의 저격으로 서거하는 경천동지의 사태가 발생했다.

10월 28일에는 부산시청 2층 대회의실에 합동분향소를 설치, 수많은 조문객들이 몰려들었고 특히 새마을 지도자들은 새마을 복장 그대로 시청에서 광복동 입구까지 조문을 하기 위해 장사진을 치고 있었다.

온 국민들의 슬픔 속에 장례가 끝난 후 부산시에서 가장 먼저 대두된 과제 중 하나는 앞으로 새마을운동을 어떻게 할것이냐? 였다. 새마을 교주와 같은 박정희 대통령이 서거했으니 일부 새마을 지도자들이 동요했다.

조기청소와 새마을 교육 등을 계속 할 것인가 말 것인가 등에 대하여 시장의 답변을 듣고 싶다는 새마을 서훈지도자회의 요청에 의하여 새마을 지도과장이 새마을 관계자 간담회 계획을 보고했으나 최석원 시장은, "쓸데없는 짓 하고 있네!"

과장의 설명은 들어보지도 않고 퇴짜를 놓았다. 수많은 새마을 관계자들이 갈팡질팡해도 묵묵부답….

시장과 새마을 지도자의 간담회는 1980년 1월 손재식 시장 취임 후에야 이루어졌고 그때 손시장은, "이 운동은 어느 정권 차원의 운동이 아니고 우리 민족의 잘살기 운동입니다" 하고 명쾌히 답변했다.

손재식 시장
孫在植
1980.1.17. ~ 1981.4.7.
1년 3개월

모범적인 공무원상

  필자는 부산시 34년간 재임 중에 18명의 시장을 모셨다. 그중에 훌륭한 시장은 너무 많다. 그러나 시장도 사람이기 때문에 장점도 있고 결점도 있기 마련이다. 직원들의 인격을 무시하는 고

압적인 시장도 있었고 직원들이 무슨 나쁜 짓을 하는지 무언가 속이는 것은 없는지 일단 의심부터 하는 시장도 있었다.

심복을 핵심 부서에 앉혀 두면 그가 온갖 비리를 다 저지르고, 누군가가 시청 복도에서 "이게 시청이냐! 복마전(伏魔殿)이냐?" 고래 고함을 지르는 낯 뜨거운 일도 있었다.

황당한 거짓말을 예사로 하고 심지어 측근들에게까지 거짓말을 하면서 부끄러운 줄도 모르는 시장도 있었다. 심지어 어떤 시장은 뇌물사건에 연루되어 참담한 모습을 보이기도 했다.

하지만 그런 시장은 극소수이고 대부분의 시장은 너무나 훌륭했다. 그중에서도 수많은 직원이 한결같이 존경하는 고매한 인품의 시장이 있다. 그는 내무부에서 주사보 직급으로 처음 공무원을 시작할 때 '도시락 주사'란 얘기를 듣던 사람, 손재식 시장이다. 검소하고 절약하는 모습은 취임 후 첫 간부회의 때 드러났다. 그가 소매를 걷어 올리면서 두터운 내의를 드러내 보였다.

"내복을 입으니까 웬만한 추위는 난방을 않고도 견딜만 한데…" 하는 것이다.

저녁 무렵 당시 시정과장으로 있던 필자가 결재를 받으러 집무실로 들어갔더니 어둑어둑한 방안에서 빛이 들어오는 창문 쪽에 책을 들이대고 열심히 읽고 있었다. 스위치를 눌러 불을 켰더니 "아직은 그냥 읽을만 한데" 하는 것이다.

그의 검약정신은 노트에서 두드러진다. 노트를 펼치면 면마다 가운데 줄을 그어 두 바닥을 네 바닥으로 만들어 놓았다. 그냥 쓰면 아무래도 여백이 많이 생겨 아까웠던 모양이다. 전설적으로 전해오는 청렴한 일면은 남은 출장비 반납이다.

그의 이런 모습들이 더욱 돋보이는 이유는 전혀 티를 내지도 않고 다른 사람에게 동참을 요구하지도 않는 데 있다. 별것도 아니면서 제 자랑 떠벌리는 사람이 얼마나 많은데 그는 늘 솔선수범하면서도 직원들 마음을 참 편안하게 해주었다.

손 시장과 새마을사업

손 시장은 1979년 12월 6일 박정희 대통령이 시해되고 불과 한 달 뒤에 부산시장으로 부임했으니 참 뒤숭숭한 시국이었다.
그때 가장 문제가 되는 것이 새마을운동을 지속할 것이냐, 말 것이냐였다.

새마을 교주와 같은 박 대통령이 스러졌으니 새마을 깃발을 내리고 모든 새마을사업을 중단해야 한다는 신문기사도 있었고, 텔레비전 드라마에서는 새마을 모자를 삐딱하게 눌러 쓴 술 취한 지도자가 비틀거리며 걸어가는 모습이 등장하기도 했다.

그때 손 시장은 새마을 관계자 회의 소집을 지시했다. 새마을 지도자, 새마을 부녀회, 대학과 공장, 새마을 관계자 모두 시청 대회의실에 모아놓고 이 운동은 우리 민족의 잘살기 운동이지 어느 정권을 위한 운동이 아니라고 누누히 강조했다. 당시 시국 상황으로서는 참으로 용기있는 발언이었다.

숙청의 회오리

1980년 겨울바람은 매서웠다. 곧장 대대적인 공무원 숙청이 있을 것이란 풍문이 항간에 돌고 있을 때 손 시장은 김화섭 기획관리 실장과 임원재 지하철 건설 기획단장을 대동하고 유럽 쪽으로 지하철 건설 사업비 마련을 위한 외자 유치에 나섰는데, 급보가 전해졌다.

부랴부랴 돌아와 보니 부시장과 기획관리실장을 비롯한 수많은 간부 공무원들이 숙청 대상에 포함되어 있었다. 그때 손시장은 발 벗고 나서서 몇몇 간부는 억울하다며 적극적으로 구해냈다. 모두가 전전긍긍할 때 평소엔 조용한 성품의 그가 의외의 대담한 모습을 보여준 것에 대해 직원들은 자기 일처럼 고마워했다.

지하철시대 개막

부산 지하철 건설은 손 시장 재임 때인 1980년 3월 1일 기본계획 확정 발표가 있었고, 그해 10월 20일 1호선 1단계 공사 기공식이 있었다.

지하철은 이르다, 도로확장부터 해야 한다는 등 반대 여론도 있었지만, 만일 그때 지하철 건설공사를 시작하지 않고 몇 년만 늦었으면 보상비와 공사비는 기하급수적으로 늘어났을 것이다.

임원재라는 저돌적 참모가 있었던 것도 큰 힘이 되었지만 조용하면서도 확고한 소신을 가진 손 시장이 있어 그 격동기에도 차질 없이 추진될 수 있었다.

나환자촌 목욕탕

용호동 나환자촌은 1964년 7월 16일 엄궁동에서 옮겨왔다. 부산의 상징과도 같은 오륙도 지척의 천하절경 명당에 음성 나환자들이 모여 살았다.

겉보기엔 평화로운 마을이었지만 생활에 불편한 것이 한두 가지가 아니었다. 그중에 대표적인 것이 마을에 대중목욕탕이 없는 것이다. 그러니 마을 사람 중에는 새벽 일찍 인근 용호동이나 대연동에 있는 대중목욕탕을 이용하는 경우도 있었다. 비록 음성이긴 하나 다른 이용객이나 목욕탕 업주들에겐 매우 신경 쓰이는 일이라 어쩌다 옥신각신하는 일도 있었다.

그 무렵 손재식 시장은 MBC TV 방송국과 한 달에 한 번씩 〈200만의 대화〉란 프로그램으로 시내 곳곳에 있는 시정의 취약지 주민들과 현장 대화를 하고 있었다. 언젠가 손재식 시장이 시정과장을 불러 다음 현장 대화는 용호농장으로 하라면서 주민 애로사항이 무엇인지 알아보라 지시했다.

시정과장이 용호농장의 가장 절실한 현안 과제는 대중목욕탕이라고 보고하자 건립비는 얼마나 드느냐, 관리비는 용호농장에서 부담할 수 있느냐 꼼꼼히 물어본 다음 현장 대화에 나갔다.

주민들도 시장에게 그 문제를 건의하게 되어 있고 시장도 들어주기로 작정한 것이니 용호농장 목욕탕 건립 문제는 쉽게 해결되었다.

돌아오는 차 안에서 손 시장은 자기도 천주교 신자인데 용호농장 주민들도 대다수가 천주교 신자라며 더더욱 기분 좋아했다.

본받고 싶은 공복상

짧게는 몇 달부터 길게는 5~6년까지 수많은 시장이 거쳐갔다. 몇몇 시장을 제외하면 대부분 시장들의 인품이나 공직자상은 대단히 훌륭하고 본받을 게 아주 많았다.

그중에서도 유독 생각나는 한 사람은 손재식 시장이다. 그의 검약 생활이나 겸손, 학구적인 모습에 대해서는 누누이 설명했기 때문에 여기서는 본받고 싶은 공복상(公僕像)을 말하고 싶다.

먼저 직원들에 대한 배려다.

그날그날 시장실에 놓아두고 간 결재서류는 어떤 일이 있어도 모두 당일 결재를 한다. 행사나 특별히 바쁜 일이 있어 결재를 못한 것이 있으면 보자기에 싸 가지고 가서 결재를 하고 이튿날 출근 때 가지고 왔다.

MBC TV와의 〈200만의 대화〉는 부산 시내의 취약지를 돌아다니며 시장과 지역주민이 대화를 나누고 애로사항을 해결해주는, 그야말로 시민의 가려운 곳을 찾아 긁어주는 위민행정의 본보기다.

고지대, 급수난 지대, 나환자촌, 신평·장림 쓰레기투기장 등이 그렇다. 1980년까지만 해도 신평·장림 일대는 청소차들이 그냥 쏟아붓고 간 쓰레기로 악취가 코를 찔렀다. 그때는 아파트에 쓰레기 투기구가 있었고, 음식물 쓰레기나 연탄재, 종이, 비닐 같은 것을 한꺼번에 투기구에 다 버렸다.

그것들이 신평·장림의 온 들판에 산처럼 쌓여 있었으니 지금으로서는 상상도 할 수 없는 일이다. 손 시장은 지역주민에게 먼저 미안하다고 했다. 그리고 당장 그 쓰레기들을 흙으로 덮으라 했다. 그래서 손시장 이전엔 쓰레기 투기장이라 했는데 손시장 때부터는 쓰레기 매립장이라 했다.

골치 아픈 곳을 하나하나 찾아다니는 시장. 그가 진정한 공복의 본보기였다.

시장직을 떠난 뒤에

손 시장은 1981년 4월 7일 부산을 떠나 통일부 장관으로 있을 때인 1982년 2월 1일, 서울-평양 간 도로개통 등 20개 항의 대북 제의를 하여 스케일과 강단 있는 모습을 보이기도 했다.

언제나 손에서 책을 놓지 않고 늘 학구적이었던 그는 공직을 그만둔 말년에도 대학에 출강하고 글을 쓰면서 잠시 잠깐 허송세월을 하는 일이 없었다.

안동 사투리

　1981년 3월 3일 전두환 대통령의 제5공화국이 출범한 지 한 달 뒤인 1981년 4월 8일 부산시장에 취임한 김무연 시장은 1921년생으로, 그때 예순한 살 환갑의 나이였다.

그는 안동김씨 뼈대 있는 양반가문의 후손으로서 안동농림학교를 졸업한 후 일본 다쿠쇼쿠대학 전문부를 수료했다. 1945년 해방 직후 경상북도에서 공무원을 시작한 후 내무부를 거쳐 대구시장, 강원도지사, 경북지사 등을 역임한 화려한 경력을 가진 분이다.

그때까지 부산시장은 40대가 대세였는데 60대의 시장이 부임하고 보니 기관장들의 저녁 모임에 나가보면 완전히 큰형님 대접이었다. 약주를 좋아하던 김 시장이 거나하여 먼저 자리를 뜨면 몇몇 기관장들이 그를 부축하여 자동차 있는 데까지 배웅했다.

그는 기분 좋게 손을 흔들면서 "내 먼저 간데이!" 꼭 사투리를 썼다. 직원들이 야근을 하고 있는 사무실을 둘러보거나 공사현장을 찾아가서도 "욕 보제?", "욕 봤데이!" 만면에 웃음을 띠고 너무나 정답게 격려를 했다.

와 반배(返杯) 안 하노!

1982년 초 대통령 연두 순시가 끝나자 시장의 구청 순시가 있었다. 북구청을 마지막으로 모든 구청의 순시가 끝나고, 그날 저녁은 만덕 고개 근처에 있는 염소 불고기집에서 먹었다.

약주를 좋아하던 김 시장은 코가 빨갛게 부어 있었다. 수행하던 간부들은 그것이 걱정이었다. 저 상태에서 술을 과음하면 코가 악화되어 짓물러 터질 수도 있지 않을까?

그래서 시장 주변 자리에 기자들을 앉히고 간부들은 멀찍이 떨어져 앉아 김 시장에게 술을 권하지 않기로 했다.

아무리 기다려도 시 간부 직원들 중 술을 권하는 사람이 없자 김 시장은,

"시정과장! 순시 준비한다고 그동안 욕봤다. 한잔 받이리!"

술잔을 받아든 과장이 제자리로 돌아가서 술잔을 비우고는 저희들끼리 희희낙락 술잔을 돌려주지 않았다. 기다리다 못한 김 시장이,

"이 사람아! 와 반배(返杯)를 안 하노!"

"예? 저는 담배를 안 태우는데요?"

"담배가 아이고 반배! 술잔 돌리도, 이 말이다!"

그제야 모두 하하하 폭소가 터지고 머쓱해진 시정과장이 술잔을 드리면서,

"시장님, 건강이 괜찮으실지?"

"안다! 자네들 내 코 때문에 그라제? 술도 기분 좋게 마시마 사그라질끼다."

과장 일곱 명 일본 출장

김 시장이 어느 날 성호덕 내무국장과 시정과장을 불러 지난 번에 선거 치른다고 모두 욕봤는데 과장들 예닐곱명 뽑아서 일본이나 한번 다녀오도록 하라고 지시했다.

이것은 참으로 파격적 조치였다. 이런 일은 이전에도 없었고 이후에도 없었다. 필자가 퇴직한 1994년까진 그랬다. 1881년(고종 18년) 신문물을 받아들이려 개화파 인사 12명을 일본에 파견했던 신사유람단이 생각날 정도였다.

6명의 과장과 1명의 계장이 일본의 후쿠오카, 시모노세키, 히로시마, 오사카, 고베, 나가사키, 도쿄, 그리고 북해도의 삿포로에 이르기까지 13박 14일간을 시찰했고, 귀국 보고는「부산 시보」에 장기간 연재한 기행문으로 가름했다.

그 시찰은 참으로 알찼다. 가는 곳마다 시청(市役所) 관계자 대여섯 명과 마주앉아 그곳 시정의 현안 문제에 대하여 의견을 나누고 많은 자료들을 수합해왔다.

만년의 생애

김무연 시장은 취임한 지 만 1년, 예순두 살 때 부산시를 떠났는데 그때 시정과정으로 있던 필자가 인계인수서에 날인을 받으러 대구에 있는 그의 집을 방문한 적이 있었다.

그의 집은 일본식 긴 뱃집 중 한 칸인데 너무나 낡고 볼품없었다. 한평생 고위공직자의 만년이 이토록 초라한가? 사람 좋아하고 술 좋아하는 호방한 그의 생애를 생각하니 돌아오는 내내 마음이 착잡했다.

그 후 그는 안동MBC 사장, 대구MBC 사장 등을 역임했다.

최종호 시장
崔鐘鎬

1982.5.25. ~ 1985.2.21.
2년 9개월

그가 걸어온 길

최종호 시장은 1929년 경북 칠곡에서 태어났고, 아버지 최순교는 한평생 공직에 몸담아 있는 동안 경상북도 지방과장, 내무국장 등을 역임했는데 강직한 청백리로 소문난 사람이다.

1950년 6·25 한국전쟁 때 전황이 낙동강 전선으로 밀려와 나라 운명이 경각일 때, 최 시장은 거리 모병으로 전쟁에 참전했다. 주변 지인으로부터 어떻게 손을 좀 써보라는 급한 전갈을 받은 그의 아버지는 "내 자식 귀하다고 군에 안 보내면 어느 집 자식들이 군에 가서 나라를 지키겠느냐!" 한마디로 잘라 말했다. 그 사실은 최순교 씨의 후배 김수학(전 새마을중앙회장) 씨가 「영남일보」에 연재한 회고의 글에 실려 있다.

그는 6·25전쟁 막바지 낙동강 전투가 한창 치열한 그때 국내에서는 훈련받을 곳이 없어 일본 후지산 근처에서 훈련을 받은 후 곧장 '카투사'로 편입되었다.

전세는 인천상륙작전으로 급반전되어 삼팔선 돌파, 평양 입성, 압록강 진격, 그리고 중공군의 개입으로 장진호 전투라는 최악의 상황을 겪기도 했다.

제대한 후 최 시장도 아버님의 뒤를 이어 공무원의 길을 걸었다. 경주시 달성군 내무부지방과 울진군수, 문경군수, 내무부 기획관, 전북 부지사, 내무부 차관보, 경남지사, 부산시장, 보훈처장 등 그의 공직 생활은 너무나 화려했다.

부산시장으로 2년 9개월 재임하는 동안 직원들에겐 한없이 관대했지만, 정치적 외압이나 이권 청탁에는 너무나 단호했다.

당정협의회의 고함소리

그가 재임한 시절은 민정당의 5공 때였고 당정협의회가 잦았다. 당정협의회는 민정당 출신 국회의원들과 시정을 협의하는 자리다. 그땐 운수업자들이 국회의원에게 무언가 이권 청탁을 하면 국회의원들이 그 문제를 당정협의회에 들고 나와 무리한 요구를 하는 일도 가끔 있었다.

언젠가 한번은 부산진 출신 구 모 국회의원이 콜택시를 일반택시로 전환해 달라는 어느 업자의 청탁성 민원을 집요하게 들고 나왔다. 콜택시 회사는 다분히 정치적 압력에 의하여 면허된 것인데 면허를 받고 보니 별반 손님이 없자 일반택시 회사의 절반 값으로 매매되는 실정이었다.

이것을 일반택시 회사로 전환시켜 주면 횡재에 횡재를 더하여 주는 것이니 불가하다 하자, 다음 번 당정협의회 때 또 들고 나왔다.

조방 앞 국제호텔에서 있은 당정협의회가 끝나자 최 시장은 시 관계자들 모두를 밖으로 나가 있으라 해놓고 곧장 "내가 시장 안 했으면 안 했지 그런 짓은 못 합니다!" 고함을 쳤다. 그 소리가 회의실 밖 복도에까지 들릴 정도였다.

시청으로 돌아오는 차 안에서도 분을 삭이지 못하고, "저기 뭐 존 웨인이라꼬?" 하자 동승해 있던 상공운수국장이 "얼굴은 좀 닮았지 않습니까?"라고 받았다.

"존 웨인이 언제 상대방 뒤통수에다 대고 총질하는 거 봤나!"

충혼탑 건립

그의 재임기간 중에 있었던 가장 빛나는 업적은 1983년 9월 7일 대청공원 충혼탑 건립이다. 부산항 전경이 발아래 내려다보이는 대청공원 산마루에 세운 높이 72미터의 대형 첨탑 조형물이 그것이다.

이 충혼탑에는 임진란 때 전사하신 송상현 동래부사, 정발 장군, 윤홍신 장군을 비롯한 충절공신 72명과 박재혁, 박차정 등 독립투사, 그리고 6·25전쟁과 베트남전쟁에서 전사한 국군장병 등 수많은 영령의 위패가 탑 안 원형 벽면 둘레에 가지런히 걸려 있다.

탑 준공식에는 최종호 시장을 비롯한 관계 기관장, 상이용사, 전몰군경 미망인회 등 수많은 관계자가 참석하였고, 공사 시행사인 현대건설의 이명박 사장, 김중업 설계자도 그의 젊은 아내와 팔짱을 끼고 다정스레 참석했다.

충혼탑 건립과 관련된 특별한 비화 한 토막이 있다.

당시 지하철 공사는 부산시 유사 이래 최대의 토목 공사였다. 자칫 관계 공무원과 업체 간의 유착관계, 금품수수도 있을 수 있었다. 그것을 차단하는 한 방편으로 지하철 공사 관련 업체에게 충혼탑의 건립비를 부담케 한 것이다. 그러니 이 탑은 부패 방지 차원에서도 큰 의미가 있다.

부산항 어디에서 봐도 너무나 멋있게 우뚝 솟은 충혼탑은 최종호 시장의 빛나는 업적일 뿐 아니라 우리 부산시민의 자랑이기도 하다.

분뇨처리와 해양투기

그 옛날 분뇨는 거름이었다. 그처럼 귀하게 쓰이던 분뇨가 화학비료의 등장, 도시화 등으로 거름 역할을 못하게 되자 분뇨의 수거 처리는 큰 고민거리가 되어버렸다.

부산시는 인구 120만 명을 돌파한 1962년 9월, 김현옥 시장 재임 때 골치 아픈 분뇨수거를 전담 처리하기 위하여 부산 위생 주식회사를 설립했다. 그간 6개소의 분뇨수거 대행업체가 있긴 했으나 수거 장비가 부실하고 고지대의 수거도 원활하지 못했다. 상당수의 고지대 영세민들이 분뇨처리에 애를 먹었는데, 비라도 오는 날이면 인근 개울물에 퍼다 버리기도 하고 뒷산 언덕배기에 땅을 파고 묻기도 했다.

5·16군사정변이 일어난 이듬해인 1962년 여름철, 참으로 기막힌 사건이 벌어졌다. 서구 부용동 고지대 위에 있는 산지 빈터에 마을 사람들이 큰 구덩이를 파고 분뇨를 대량으로 쏟아붓고는 흙을 덮어 묻었다. 그런데 한여름 뜨거운 지열 때문이었던지 안에서 발생한 가스가 묻어둔 분뇨 구덩이의 옆구리를 뚫고 터져 나왔다. 엄청난 똥물이 그 밑에 있는 주택가로 쏟아져 내렸다. 그 마을에 살던 어느 외국인 선교사 집에도 온 마당에 똥물 범벅이 되자 큰 소동이 벌어졌다. 잘못이야 밤중에 분뇨를 몰래 내다 버린 마을사람들에게 있지만, 단속을 소홀히 했다 하여 서구 사회과 옥정조 과장이 직위해제를 당했다.

그때까지만 해도 분뇨수거 장비라고는 고작 호스로 수거하는 흡인차(吸引車)가 3대뿐이었고 사람이 메어다 나르는 속칭 목두수거(木頭收去)를 위한 재래식 차는 25대나 되었다. 그러니 대부분 똥통으로 수거하는데, 인부들은 불친절하고 수거작업 때는 악취가 코를 찔렀다.

그래서 분뇨수거 방식을 개선하기 위하여 부산 위생주식회사를 설립한 것이다. 그때 설립 자본금 1천만 원 중 시비는 55%,

민자는 45%였는데, 점차 민자가 늘어나더니 급기야 1986년 2월 정채진 시장(경북 출신) 당시에 시유주식 모두를 민간 주주에게 매각하고 말았다.

한편, 생활 수준이 향상되자 재래식 변소는 줄어들고 수세식 변소가 늘어났다. 1978년 최석원 시장(김해 출신)은 그간 4개 업체가 독점하던 정화조 청소업을 누구나 요건만 갖추어 신고만 하면 영업할 수 있도록 개방함으로써 순식간에 24개 업체로 늘어났다. 그 후 업계의 진정 등으로 더 이상의 허가는 내어주지 않아 이후 업체 증가는 없었다.

한편 분뇨투기장에 대하여 살펴보면 1940년부터 1975년까지는 괴정투기장을 이용했다. 대티고개 위에 있는 2개의 투기구(投棄口)에 수거해온 분뇨를 쏟아부으면 45도 경사진 관로(管路)를 통하여 100미터 아래쪽 여과조로 흘러간다. 여과조에서 찌꺼기는 걷어내고 나머지 분뇨 수분(水分)은 송분관(送糞管)을 통하여 4킬로미터 떨어진 하단분지로 내려 보낸다.

1970년대에 들어 인구가 200만을 넘어서자 이런 재래식 처리 방법으로는 감당할 수가 없었다. 드디어 1970년 북구 감전동에 1만 평 부지를 확보하여 1973년 제1화학처리장, 1982년 제2화학처리장을 건설한 데 이어 1983년 최종호 시장 재임 시절에 이르러 분뇨 해양투기 문제를 검토하기 시작했다.

분뇨 해양투기란 수거된 분뇨를 선박을 이용, 멀리 공해에 내다 버리는 것인데 얼른 생각하기에는 바다를 오염시킬 듯도 하지만 오히려 그것이 고기와 해초의 먹이가 되고 거름이 된다는 것이다. 이웃 일본에서도 이미 오래전부터 시행하고 있다 하여 부산시에서도 추진하기로 하고 선박까지 확보했으나 집단 민원 등으로 선착장 입지 선정이 문제였다. 그래서 이곳저곳 물색하다가 도심지에서 멀리 떨어진 다대포가 후보지로 거론되었다.

그러나 다대포 앞바다는 수심이 얕아 큰 분뇨선을 접안할 수가 없었다. 그러니 멀리 떨어진 바다에 분뇨선을 정박해 두고 작은 선박으로 실어 날라야 하는데 그 앞바다에는 삼각파도가 친다지 않는가. 이래저래 온갖 우여곡절 끝에 1992년 2월에 이르러서야 분뇨의 일부 해양투기가 실시되었다.

해원상생(解寃相生)

최 시장 재임 시절 접견실에서 집무실로 들어가는 문설주 위에 해원상생(解寃相生)이란 액자가 걸려 있었다.

누군가 선물한 것인지, 그가 써서 걸어둔 것인지. 그것은 알 수가 없다. 스스로 다짐하려는 것인지, 다른 사람들도 마음에 새기라는 것인지. 그것도 알 수가 없다. 어쨌든 그 글귀를 보면 마음에 깊은 울림이 온다.

부산시 직원 체육대회

1984년 가을, 부산시 직원 체육대회가 구덕운동장에서 제법 성대하게 열렸다. 실국 단위, 구청 단위로 북과 꽹과리 등 응원전을 펼치고 경쟁 열기가 치열했다. 시 본청은 기획관리실, 내무국, 상공운수국 간에, 구청은 부산진구와 동래구 간에 치열한 선두경쟁이 벌어졌다.

처음엔 뚱뚱한 부인을 업고 달리다 넘어지는 광경 등을 보며 함께 웃고 떠들며 화기애애하게 진행되던 친선경기가 시간이 흐를수록 이겨야겠다는 생각에 과열됐다. 본부석에서 최종호 시장과 동석해 있던 국장, 구청장들은 하나둘 소속 직원들과 함께 어울렸다.

그날 대회 마지막 경기는 국장, 구청장 부부 이인삼각 경주였다. 어떤 국장 부부는 일찌감치 운동장 한 귀퉁이에서 젊은 직원에게서 경기 요령을 듣고 실습하는 모습도 보였다. 젊은 직원은 국장 부부에게 "첫째, 두 발을 헐렁하게 묶지 말고 꽉 묶으십시오. 둘째, 출발 총소리가 나기 전부터 제자리걸음으로 두 분이 발과 호흡을 맞추십시오. 셋째, 두 분이 이구동성으로 하나둘, 하나둘 하며 뛰십시오. 그리고 지금 한번 연습을 해 보십시오"라며 마치 이인삼각 경기를 연구라도 한 사람처럼 말했다.

그런가 하면 키도 크고 다리가 긴 사람, 아침 조깅을 하는 사람, 골프며 테니스며 운동이란 운동은 만능인 사람, 그런 사람들은 혼자서 자신만만이었다. 직원들의 경기가 모두 끝나고 우레와 같은 박수 속에 국장, 구청장들의 부부 이인삼각 경주가 시작되었다. 그런데 막상 뛰고 보니 참으로 의외의 결과가 나왔다. 자신만만해 하던 그들보다 사전에 젊은 직원에게서 지도를 받고 예행연습을 한 국장 부부가 우승한 것이다. 곰곰이 생각해보면 인간사(人間事) 많은 것을 느끼게 한다.

그날 그 부산시 직원 체육대회는 2021년 현재로선 전무후무(前無後無)한 단합대회였다.

지하철 3단계 공사

부산의 지하철 공사는 다시 없을 대역사였다. 최 시장은 그 사업추진에 많은 관심을 기울였다.

일제 때 큰 바윗돌로 매립을 하여 아주 난공사 구간인 부산진-중앙동 간의 공사를 마무리하고, 마지막 제3단계 구간(중앙동-서대신동) 기공식을 끝으로 그는 1985년 2월 21일 2년 9개월간의 부산시장직을 떠났다.

아흔에 잡은 화필

2019년 10월, 65년 동안 희로애락을 함께하던 아내를 먼저 하늘나라로 보낸 최 시장은 누군가의 권유로 슬픔도 이길 겸 화필을 잡았다. 얼마나 열심히 그렸던지 화필을 잡은 지 2년쯤 되자 주변에선 개인 전시회를 열라 했지만, 코로나 사태 때문에 그럴 수도 없고 해서 화첩을 펴냈단다.

『90에 시작한 최종호의 유화』

그 화첩을 보면 인간의 노후는 적막하고 쓸쓸한 것이 아니라 너무나 아름답다는 생각을 하게 된다.

정채진 시장
鄭採鎭

1985. 2. 22. ~ 1986. 8. 28.
1년 6개월

입지전적인 생애

1932년 4월 경북 어느 농촌마을 가난한 집안에서 태어난 정채진 시장은 그야말로 입지전적인 사람이다.

그는 정상적으로 학교에 다닐 형편이 못 되어 검정고시를 거친 다음 공무원 시험에 합격했고 공무원 재직 중 보통고시에 합격했다. 말단 공무원으로 출발했지만 승승장구, 대구시장과 경북지사를 거쳐 42세 때 부산직할시장에 취임했다.

수영강 정화

정채진 시장의 재임 기간 중 돋보인 사업은 1986년 6월에 개최한 전국 체전 요트경기대회를 부산에 유치한 것이다. 또한 이를 위해 대대적인 수영강 정화사업을 펼침으로써 그때부터 수영강 수질이 오늘날까지 맑고 깨끗해졌다.

임기 중 사건 사고

하지만 정 시장 임기 1년 6개월 동안 각종 사건 사고가 너무 많았다.

취임한 그해 7월 5일 엄청난 폭우로 문현동 산사태가 발생, 36명이 생목숨을 잃었다. 12월 23일에는 지하철이 무너져 2명이 실종되고 1986년 1월에는 국제시장에 큰불이 일어나 21개 점포가 소실되기도 했다.

그 무렵 남구 관내에 있는 어느 복지법인에서 시 고위간부 두 명에게 뇌물을 준 것이 문제가 되어 옷을 벗게 되었는데, 그 원인을 두고 정 시장의 적절치 못한 말 한마디 때문이란 소문이 청내에 나돌았다.

새로 부임한 부산지검 모 간부 두 사람이 부임 인사차 정 시장을 찾아 인사를 하고 돌아갈 때 시장실 앞 복도까지 따라 나온 건 좋았지만 악수를 한 후 상대방 어깨를 툭 치면서 "잘하세요!" 했더란다. 그것은 마치 윗사람이 아랫사람에게 하는 듯한 모습이라 옆에 있던 시 간부들이 보기에도 '아차!' 하는 생각이 들더란 것이다.

'까마귀 날자 배 떨어진다'는 속담처럼 우연의 일치일 수도 있겠지만, 그 무렵 남구 관내 모 복지법인 대표로부터 뇌물을 받았다며 형사 입건된 김 모, 최 모 고위직 간부는 그 일 때문에 옷을 벗었다. 그들은 자기들 사건이 검찰에서 수습되지 못한 것은 정 시장이 검찰 간부에게 적절치 못한 말을 한 것이 괘씸죄에 걸렸다고들 굳게 믿고 있었다.

김주호 시장
金周浩

1986. 8. 29. ~ 1987. 5. 18.
9개월

총무과장 떠난 사연

김주호 시장은 1933년 경남 함안에서 태어났다는 것 외에 재임 기간도 짧아 별반 알려진 자료가 없다.

김 시장이 재임한 그때는 전두환 대통령의 임기가 끝나갈 무렵이라 군사정권 연장에 반대하는 학생시위가 잦았고 특히 1987년 1월 14일 박종철 군 고문 치사사건으로 시위는 절정에 달했다.

정국은 한 치 앞을 내다볼 수 없을 정도인데 김 시장의 성격은 괴팍스러울 정도로 직원들을 닦달한다며 직원들의 볼멘소리가 터져 나왔다.

특히 당시 김상원 총무과장은 김 시장을 지근거리에서 보좌하다 보니 걸핏하면 불똥이 그에게로 튀었다. 하루이틀이 지옥 같았다. 차라리 옷을 벗을까 고민하다가 차선책으로 민정당 동래 지구당의 강경식 의원 사무국장으로 자원하여 들어갔다.

총무과장이라면 승진을 코앞에 둔 자리인데 그것을 박차고 전쟁터와 같은 정당, 그것도 인기가 바닥으로 떨어진 민정당으로 가다니 그 심정이 오죽했을까? 주위 친구들이 아무리 만류해도 기어코 떠났는데, 그가 떠난 후 한 달도 못 되어 김주호 시장이 떠났으니 옆에 있는 친구들이 보기에도 너무나 안타까웠다.

시장의 성격이 아무리 괴팍스럽고 사나워도 조금만 더 참고 또 참아야 하는 것을….

1987.5.19. ~ 1988.5.18.
1년

부산 출신 부산시장

천하의 영웅호걸도 그의 고향 사람들은 개구쟁이적 생각만 한다.

역대 부산시장 가운데 부산시청에서 뼈대가 굵은 사람은 강태홍 시장이 유일하다.

그는 1929년 경남 진양군에서 태어났고 중고등학교 시절에는 축구선수였다. 20세 되던 해 6·25전쟁이 터져 군에 입대했고 김현옥 시장이 제3항만사령관으로 있을 때 그의 보좌관이었다. 1962년 김현옥 대령이 준장 승진과 동시에 부산시장으로 취임하자, 강태홍은 소령 계급으로 부산시에 첫발을 들여놓았다. 하지만 행정에 전혀 문외한인 그가 비서실장을 맡기엔 어려움이 있었던지 처음 발령받은 곳은 총무과장 자리였다.

서른세 살 젊은 군인. 그땐 군사정권 시절이라 제법 으스댈 법도 하건만 그는 너무나 소탈하고 격의 없이 직원들과 어울렸다. 그때만 해도 상사와 부하직원이 함께 식당에서 밥을 먹으면 밥값은 거의 예외 없이 부하 직원이 부담하는 관행이 있었다. 그런데 강태홍 과장은 잽싸게 자기가 지불하고는, "당신들보다 내가 돈이 많아!" 하였다.

그는 가끔 그 옛날 중고교시절 함께 축구를 하던 허름한 옷차림의 친구들과도 어울려 격의 없이 온갖 농담을 주고받았다.

그는 시장의 측근이란 모습을 보인 적이 없다.
그런 그가 언젠가 불같이 화를 내면서 전혀 뜻밖의 모습을 보였다. 5·16군사정변 직후 그때만 해도 4·19혁명 기념일 전후에는 가끔 4·19 유공자나 그 가족들이 부산시 총무과에 찾아와서 고성을 지르기도하고 무언가 불만을 터트리기도 했다.

한번은 술이 거나한 젊은이가 직원들에게 삿대질을 하면서 칠 듯이 덤벼들자, 자리에서 벌떡 일어난 강태홍 과장이 한 손으로 젊은이의 멱살을 잡고 구석으로 밀어붙였다. 그러고는 치켜들었다 놓기를 반복하면서 "아이고 이걸 그냥!" 하였다. 직원들이 간신히 떼어 놓자 술 취한 그 젊은이는 쏜살같이 도망쳐 버렸다.

관광운수국장 시절에는 깡패 기질로 유명한 운수업자 김 모 사장(KAL기 사고때 사망)이 그의 앞에서 무엇 때문엔가 깡패 기질을 드러내며 고함을 지르자, 그가 벌떡 일어나 윗도리를 벗어 던지고 와이셔츠 소매를 걷어붙였다.

그러고는 "너 이 자슥! 부산에서 좀 논다면서? 오늘 나한테 한번 죽어볼래!"

그러자 기세등등한 깡패 기질의 사장이 금방 머리를 숙였다.

"국장님! 제가 잘못했습니다. 용서하이소."

그런 강태홍이 내무국장, 대구시 부시장을 거쳐 산림청 차장으로 있더니 1987년 5월 부산시장으로 취임했다. 그 무렵 부산

시민들은 부산 출신 시장에 대한 기대가 클 때였다. 그동안 김덕엽, 김무연, 최종호, 정채진 등 경북 출신 시장들이 연달아 내려오고 이웃 경남 출신 김주호 시장이 뒤를 이었는데, 이제는 부산 출신이 그 자리를 맡았으면 할 때였다.

사실 부산직할시장이란 자리는 위상으로 따지자면 산림청장이 그 자리에 와도 영전했다 할 것인데, 차장이 오고 보니 그가 전두환 대통령과 곁사돈이란 소문까지 나돌았다. 그러나 그것은 민정당 부산시당 차원에서 국회의원들이 모여 부산 출신 공직자를 찾느라 의논 끝에 성사된 일이었다.

6·10항쟁 때의 담화문

1987년 5월 20일 강태홍 시장이 부임한 후 곧장 6·10항쟁이라는 엄청난 민주화 운동이 일어났다. 시청에서 서면까지의 간선도로는 완전히 시위대에 의하여 점거되고 공권력이 미치지 못했다. 강 시장은 시위대와 시민에게 공공질서를 지켜 달라는 담화문을 발표했다. 그것은 위기 상황에 대응하는 시장으로서의 용단이다.

1979년 10월 부마항쟁 때의 어느 시장은 직원들만 닦달했지 자신은 꿀 먹은 벙어리였다.

민주화의 소용돌이

　강 시장이 취임한 1987년은 6·10민주항쟁과 6·29선언 등 민주화의 바람이 거세게 불고 있을 때였다. 그때 그 민주화의 거센 바람은 부산 수영만 백사장에서부터 소용돌이쳤다. 그해 가을, YS는 부산 수영만 백사장에 100만 인파를 모아 놓고 정권 쟁취를 위한 출정식을 가졌다.
　태풍 노도와 같은 그 기세와 열기가 서울을 향해 북상하자 노태우 후보의 민정당에서는 부랴부랴 정정법에 묶여있던 DJ를 풀어 YS와 대결시켰다. 정권욕 앞에서는 장구한 세월 의기투합했던 동지마저도 헌신짝처럼 벗어 던지고 사투를 벌였다.

　한편 노태우 후보 측에서는 제법 날씨가 쌀쌀한데도 역시 부산 수영만 그 자리에서 출정식 시동을 걸었다. 마을마다 버스를 대기시켜 놓고 당원들과 새마을 지도자들을 수영만 행사장으로 실어날랐다. 신문·방송에서는 그날 모인 인파를 100만에서 130만 명으로 보도했다. 6·29선언 때 완전히 패색이 짙었던 노태우 후보는 YS와 DJ의 이전투구(泥田鬪狗) 같은 정권야욕 때문에 어부지리를 얻은 것이다.
　그러고 보니 민주주의 맹점이 여기에 있다. 절대다수의 국민들이 정권을 바꾸려 해도 권력욕에 눈먼 정치인이 갈라져서 싸우면 아무리 국민들이 발버둥쳐도 공염불이 되는 것이다.

국민들은 너무나 분통이 터지지만 그렇다고 장본인들에게 곤장을 칠 수도 없으니 뒤늦게서야 제 가슴을 친다. 사람들은 YS와 DJ를 정치 9단이라고 한다. 산업화의 군사정권에 맞선 민주투사로서, 그리고 선거의 달인으로서는 맞는 말이다. 그러나 그들이 대통령 때 초래된 IMF 사태와 퍼주기식 햇볕정책을 보면 통치자로서는 글쎄다. 무언가 아리송하고 불안했던 생각을 지울 수가 없다.

서면 롯데호텔 허가

강태홍 시장은 전임시장들이 미루어온 서면 롯데호텔을 허가했다. 그때까지만 해도 여러 시민단체에서 이것을 허가하면 서면 일대가 교통지옥이 될 것이라 했다. 강 시장이 허가를 강행하자 누군가는 강 시장이 공직을 그만둔 뒤 롯데그룹 임원으로 갈 것이란 소문을 퍼트렸다.

더도 덜도 아닌 만 1년간 재임 중 그가 보여준 소탈하면서도 결단력 있던 모습은 그 어느 시장에 비하여도 결코 뒤지지 않았다.

화장장 불 끈 사연

그런데 강 시장은 재임 중 큰 잘못 하나를 저질렀다.

1988년 4월에 있을 제13대 국회의원 선거를 앞두고 어느 정치인의 압력에 못이겨 당감동 화장장의 가동을 중단 한 것이다.

그후 1995년 3월 시립 영락공원이 준공되기까지 장장 7년 세월 부산이란 거대 도시는 화장장이 없는 도시가 되어 버렸다.

마산, 밀양 등 이웃 중소도시 화장장에 구걸하듯 매달린 그 참담했던 시절을 생각하면 정치인의 무분별한 시정개입이나 시장의 결단이 시민에게 얼마나 큰 영향을 미치는지 극명하게 보여주는 하나의 사례이다.

초대 시의원

시장을 그만둔 강 시장은 무슨 생각을 하였던지 어느 아부꾼의 말에 현혹됐던지 1991년 6월 20일 실시한 부산광역시의회 의원으로 출마하여 당선되었다. 그것이 그의 생애에 무슨 의미가 있는지 고개를 갸우뚱거리는 사람들이 한둘이 아니었다.

안상영 시장
安相英

관선 1988.5.20.~1990.12.27.
민선 1998.7.1.~2004.2.4.
8년 2개월

기적 같은 등장

안상영 시장은 역대 부산시장 가운데 가장 기적 같은 시장이고 가장 안타까운 시장이다.

그는 1938년 11월 18일 부산에서 태어났고 부산고등학교를 졸업했다. 1963년 서울대 공대 토목공학과를 졸업한 후 서울시 토목직 7급 공채시험에서 수석합격하였다. 그 후 서울지하철 건설본부 차장, 도로국장, 도시계획국장, 종합건설본부장 등을 역임하면서 김현옥 시장과 함께 여의도를 비롯한 '한강종합개발'이란 한강의 기적을 일구어낸 주역 중의 한 사람이다.

그가 부산시장으로 발탁된 데는 기적 같은 일화가 있다. 그가 부산시장으로 오게 된 무렵에는 "부산사람이 부산시정을 맡아야 한다"는 시민들의 열망이 있었다. 그래서 강태홍 산림청 차장도 부산시장으로 온 것이다.

1988년 4월 국회의원 선거에서 금정구 김진재 외에는 모두 참패한 민정당 출신 전직 의원 몇 명이 남구 남천동에 있는 민정당 시지부 당사에 모여 차기 부산시장 문제를 거론하고 있었다. 이 사람 저 사람 아무리 꼽아 봐도 그럴만한 사람이 없어, "부산에 이렇게 인물이 없네" 하고 있을 때 안상영 씨의 여동생 안영자 씨가 김은숙 여성부장(훗날 중구청장역임)을 찾아왔다.

그때 누군가가 "어! 저기 안영자 씨 오빠가 서울종합건설 본부장으로 있는데 토목직만 아니면 직급은 1급인데!" 하였다.

그러자 부산진구 출신 이상희 전 의원이 "맞다! 안상영이가 거기 있네!" 했다. 그때 안상영 시장의 부산고 동기 중에는 허삼

수, 최병열, 이상희, 신상식 등 집권당인 민정당 정치인들이 막강했다.

그런 일이 있은 지 한 달도 안 되어 안상영 시장이 부산으로 내려왔고 그 후 8년간 안상영 시장의 시대가 막을 열었다.

그는 김현옥 시장을 떠올릴 정도로 스케일이 크고 한강 개발을 한 솜씨를 여지없이 발휘하기 시작했다. 그가 처음 착수한 사업은 '해상신도시'란 이름으로 추진된 인공섬 건설이다.

인공섬 건설 추진

안 시장이 오기 전 처음 유흥수 의원에 의하여 노태우 대통령 후보에게 건의된 인공섬은 광안리 앞바다였는데 안시장의 안목으로 볼 때 채산성이 없겠다 싶어 남항 앞바다로 옮겼다.

그리고 1989년 5월 16일 해상신도시건설 착수보고회를 열었지만, 그의 뚝심에도 불구하고 수심 문제, 외곽방파제 국비 부담 문제 등 여러 난제에 부닥쳤다. 안 시장이 부산시장을 떠나 항만청장으로 갈 때까지 그 거대한 계획은 표류했다.

제2의 전성기

하지만 안 시장에게 제2의 전성기가 찾아왔다. 해운항만청장 직에서 물러난 그는 한강개발 당시 알게 된 김우중 대우그룹 회장의 계열사인 부산매일신문 사장으로 취임했다.

행운이 겹치는지 제2대 민선 부산시장 선거 때 민자당 후보 경선에서 김기재 후보가 민자당 시당 위원장을 지낸 문정수 후보와 맞붙는 것에 부담감을 느껴 무소속 출마를 선언하자, 대타로 들어선 안상영 시장이 문정수를 꺾었으며 본선에서도 무소속의 김기재를 꺾고 무난히 당선되었다.

로터리 적송군락

안상영 시장의 여러 치적 중 부산의 도시 품격을 높인 사업이 하나 있다. 그것은 1997년 5월 10일부터 개최된 제2회 부산 동아시아 경기대회 개최에 앞서 부산 시내 곳곳의 로터리에 아름드리 거대한 적송군락을 이루어 놓은 것이다.

어느 심심산골에서 옮겨왔는지, 어떻게 그런 거대한 구상을 하였는지, 참으로 그가 아니고서는 아무나 흉내 낼 수 없는 발상이다. 그 나무 한 그루에 당시 돈 900만 원이 들었단다. 열 개 로터리에 열 그루씩 심었으면 9억 원이다.

어느 곳에 다리 하나 놓는다고, 길 하나 개설한다고 이토록 보람 있으랴?

부산의 가로수 역사는 참 다양하다. 어느 시장은 부둣길에 수양버들을 심고 어느 시장은 충렬로에 히말라야시다를 심었다. 또 어느 시장은 감나무를 심었지만, 지금은 모두가 흔적도 없이 사라졌다.

안상영 시장은 그때 아시안게임 성화를 금강산 구룡폭포 계곡에서 채화했다. 구룡폭포 계곡 들머리에는 아름드리 적송군락인 미인송 지대가 있다.

아! 우리 부산의 로터리 적송들이 금강산 미인송을 닮았구나.

그러고 보니 우리 부산의 도심지 로터리에 서 있는 저 적송들을 미인송이라 부르면 정말 좋겠다.

광역교통망 구축

안상영 시장은 해상신도시 건설이라는 거대한 계획을 추진하면서 일본 고베의 인공섬 롯코아일랜드, 포토아일랜드 등을 시찰하기도 하고 의욕에 넘쳐 있었다.

그는 인공섬 사업을 추진하면서 한편으로는 먼 미래를 내다보는 광역교통망 구축을 위한 도시계획을 입안했다. 그 일단의 사업들이 광안대교, 부산항대교, 영도-송도 간 대교, 남해고속도로에서 기장으로 직진하는 금정산 터널 등이다.

부산시장으로 재임하는 동안 입버릇처럼 옛날 서울시 종합건설 본부장 재임 시절 김현옥 시장과 함께 한강 윤중제를 만들고 여의도를 개발한 일 등을 언급하면서 한강의 기적처럼 낙동의 기적을 만들겠다며 의욕에 넘쳐 있었다.

시장의 말투

역대 시장들은 성품에 따라 행동거지며 대화하는 말투가 각양각색이었다.

어떤 시장은 너무나 겸손하여 수하 직원들에게도 깍듯이 예우하는 분도 있고, 너무나 다정하고 구수한 사투리로 정감 넘치는 시장도 있었다.

안상영 시장은 역대 시장 중 유일하게 토목직 공무원으로 잔뼈가 굵은 사람이다. 그래서인지 성품이나 말투에서 은연중에 공사현장 감독 같은 냄새가 물씬 풍겨 나왔다. 그가 부산시장으로 취임할 때는 50세였고 수하 간부 직원들은 대부분 그보다는 나이가 많았다. 간부 직원들은 대개가 십여 명 넘는 시장들을 겪어본 사람들이다. 기관 단체장들도 마찬가지다. 대화를 나누면서 서로가 존중받기를 바란다. 그러나 사람은 오랜 습성과 말투를 고치기가 쉽지 않다.

안 시장이 기관장들과 대화 중에 자주 쓰는 말투는,

"김형!", "강형!", "그래요? 그라지 뭐!"

좋게 생각하면 정다운 말투인데 어찌 생각하면 예의 없는 것으로 느껴지지 않았을까.

안 시장을 싫어하는 어느 기관장의 안 시장에 대한 불만은 '형!'이란 호칭에서 발단되었다. 전임 시장들은 하나같이 직함에 '님'자를 붙였는데, 유독 안 시장은 '아무개 형!' 하고 부르니 그것이 기분 나쁘다는 것이다.

'형'이란 말은 높임말인데 상대방이 듣기에는 그렇지 않았나 보다.

갑자기 찾아온 불행

하지만 안 시장은 주변 관리를 잘못했다. 항간에 조조라고 소문난 모사꾼과 아부꾼들이 주변을 맴돌았다. 시중에 떠도는 유언비어성 소문들이 난무한 가운데 '동성게이트', 진흥기업 관련 수뢰 혐의로 검찰의 수사를 받던 중 부산구치소에서 생을 마감했다.

작게는 그의 불행이지만 부산으로서도 미래를 위한 큰 꿈이 좌초된 것이다. 세상엔 온갖 파렴치한 정치꾼들이 많고 많은데 안 시장의 일은 안타깝다는 얘기도 많다. 그러나 공직자는 자기 관리에 철저했어야 한다는 사람도 많다.

김영환 시장
金英煥
1990.12.28. ~ 1992.12.25.
2년

화려한 공직생활

김영환 시장은 1935년 4월 7일 영덕군 강구에서 태어났다. 여섯 살 때 어머님을 여의고 계모 밑에서 자랐지만 처녀의 몸으로 들어온 계모님 사랑이 극진했다.

6·25전쟁 중인 당시 아버님이 부산에 있는 미 공군기지 사령부 한국인 근로자 총괄 감독관으로 일했는데, 어린 그는 그 밑에서 물품 검수원의 자리에 2년간 근무한 적도 있다.

그 후 북부산 고등학교를 졸업한 그는 가정 형편이 어느 정도 나아지고 하여 부산대 법대를 졸업할 수 있었다.

1960년 4·19혁명으로 집권한 장면 민주당정권 시절, 정부 각 부처와 산하 시도·구군·읍면에 이르기까지 부패를 청산하고 새 피를 수혈한다며 대대적인 인재를 등용 했다. 그들이 '국토 건설단 요원'이다.

8대 1이란 높은 경쟁률을 뚫고 최종 합격한 2천 1백 명은 3개월간의 수습기간을 거쳐 전국에 배치됐는데, 그들이 향후 30여 년간 거의 모든 행정기관의 중추적 역할을 담당했다 해도 과언이 아니다.

20대 후반의 젊은 김영환은 국토 건설단 요원으로 경남 동래군에 배치되었고, 훤칠한 키에 미남자면서 달필이었다. 그야말로 신언서판(身言書判)을 두루 갖춘 그는 금방 군 공보실장이란 중책을 맡았고 경남도를 거쳐 내무부로 발탁되었다.

내무부에서 잔뼈가 굵은 그가 지방 행정 책임자로 처음 나간 곳은 의령군수였고 울주군수, 영도구청장, 부산시보사국장, 울산과 마산시장, 제주부지사, 부산 기획관리실장, 부산 부시장, 그리고 내무부 소방국장, 기획관리실장을 거쳐 1990년 12월 28일 부산시장으로 발령받았다.

신항만 건설의 깃발

김영환 시장이 부산시장으로 부임할 때 부산시의 가장 큰 현안 과제는 전임 안상영 시장이 추진하던 남항 앞바다 해상신도시 건설사업을 계속할 것이냐, 아예 백지화할 것이냐였다.

김 시장은 일단 그건 밀쳐두고 서부산권 가덕도에 '부산 신항만 건설'이란 깃발을 들었다. 당시 부산항은 중국의 상하이의 푸동항, 일본의 고베항·요코하마항 등과 치열한 경쟁관계에 있었지만 항만 여건상 불리한 상황이었다. 늘어나는 컨테이너로 인한 시내 교통체증 유발 및 도로 파손 등 여러 문제점들을 한꺼번에 해결해야 했다.

김 시장 재임 중인 1991년 7월 8일 지방자치제의 상징인 부산직할시의회가 개원됐다. 그때 총 51명의 시의원 중 3당 합당의 민주자유당이 압도적인 50명이고 무소속은 1명이었다. 부산에 정치 기반을 둔 YS가 너무 좋아했다.

동서고가도로 건설

부산의 교통망은 대체로 시내-동래 간 남북 축(軸)은 발달되어 있으나 동서 간은 매우 취약한 편이다. 남해안고속도로가 완공되면 감전I.C에서 부산항(북항) 배후 지역인 문현로터리까지 컨테이너의 물동량 수송이 큰 문제가 될 수 있었다.

이 문제를 고민하던 최종호 시장이 1984년 8월 11일 '제2도시고속도로(동서고가도로) 10.59킬로미터 건설 시안'을 확정한 다음, 그가 떠나고 후임 정채진 시장이 기본계획 및 실시계획 용역을 마쳤다.

김주호 시장 때인 1986년 2월 환경영향평가를 실시한 다음, 1988년 1월 강태홍 시장은 제2도시고속도로 건설사업소를 설치했다.

1988년 5월에 부임한 안상영 시장은 그해 7월 종합건설본부를 발족시키고 본부장에 임원재를 임명한 다음 이 사업을 그에게 맡겼다.

동서고가도로 건설사업은 김영환 시장이 떠나기 한 달 전인

1992년 12월 30일, 총 연장 10.6킬로미터 중 8.1킬로미터로 준공되어 제1단계 개통식을 가졌고, 전체 공정이 완전 준공된 것은 정문화 시장 때였다.

이 동서고가도로 사업비는 당초 2천169억 원으로 책정되었으나 최종 4천179억 원으로 늘어났으니 경부고속도로 건설 사업비인 500억 원의 8배가 넘는 금액이다. 시기적으로 차이가 있긴 하지만 너무나 엄청난 사업비가 투입된 셈이다. 그리고 이 사업의 추진은 계획에서부터 준공까지 9년이란 오랜 기간이 걸렸고, 거쳐 간 시장만 해도 7명이나 된다.

컨테이너세(稅) 신설 확정

우리나라의 수출 물량이 늘어나면서 부산항을 드나드는 컨테이너 차량 교통량도 급격히 늘어났다. 그래서 부산항에서 경부고속도로에 연결되는 컨테이너 전용도로를 개설하기도 했다.

그런데 이 컨테이너 차량의 골치 아픈 점은 도로 파손이다. 어느 전문가의 지론에 따르면 승용차 1만 대가 도로 위를 달리는 것보다 컨테이너 차량 한 대가 도로 위를 달리는 것이 도로 파손율이 더 높다는 것이다.

전국에서 수출품을 실어 나르는 컨테이너 차량으로 인해 부산 시내 도로가 망가지고 있으니 이 문제를 어찌할 것인가? 오랜 기간 궁리하여 찾아낸 묘안이 컨테이너세(稅)이다.

김 시장이 그 문제를 해결하기 위해 집요하게 밀어붙인 결과, 1991년 10월 25일 드디어 컨테이너세가 신설·확정되고 1992년 1월 1일부터 시행되었다.

수영강 정비공사

도시의 품격은 총체적 경관에 달려있지만 그중에서도 숲과 하천이 중요한 몫을 차지한다. 부산의 주요 하천은 '동천'과 '수영강'인데 1980년대 이전 그 하천들은 오염이 극심했다.

그나마 동천은 도심지에 있어 관심이 집중되었지만, 수영강은 버려진 듯 방치되어 있었다. 하구엔 요트경기장이 있는데, 그래서 서둔 것이 1992년 7월에 실시한 수영강 정비공사였다.

해운대 신시가지 기공

해운대 신시가지 구상은 1982년 최종호 시장 당시 최해우 도시계획국장의 건의에서부터 시작되어, 그곳 탄약창군부대를 옮기는 문제를 두고 국방부 등과 오랜 기간 협의를 하는 등 다섯 명의 시장이 바톤을 주고받았다.

그러다 기공식은 1992년 8월 22일 김영환 시장 재임 시절에 가졌다. 다음 정문화 시장은 해운대 신시가지 건설을 구체화하기 위해 부시장, 기획관리실장, 종합건설 본부장을 대동하고 장산에 올라 그 지역을 내려다보면서 의견들을 주고받았다.

그러나 도로망, 아파트의 동 간 거리, 층고, 제척지, 지역난방이냐, 도시가스냐 등등 여러 문제가 결정되고 최초 입주가 시작된 것은 1996년 문정수 시장 때였다.

제6차 상수도 확장사업

김 시장 재임 기간 중인 1992년 부산시 제6차 상수도 확장사업을 착공했다.

덕산 정수장에서 생산된 물을 직경 2미터 20센티미터의 대형 송수관을 통해 부산 시내 총 공급량의 절반을 공급하는 엄청난 사업이다.

인구 400만을 목표로 한 것이지만 인구 감소로 상수도 문제는 더는 확장할 필요가 없게 되었다.

초원복국집 사건

1992년 제14대 대통령 선거 3일 전인 12월 15일, 남구 대연동에 있는 초원복국집에서 몇몇 기관장들이 저녁 모임을 가졌다. 선거 직전 예민한 시기에 기관장들이 모이자 누군가가 그 장면을 녹화·녹음해서 언론에 터트렸다.

그 사건이 대대적으로 보도되자 위기감을 느낀 보수진영의 결집으로 오히려 YS 당선에 결정적 영향을 주었다는 분석이 많았다. 모임을 주도한 사람은 따로 있는데도 김 시장이 그 문제로 인해 오랜 공직생활을 마감했다.

학 같은 노후

역대 부산시장들은 시장직을 그만두면 모두 서울로 떠나버렸다. 이후엔 몰라도 그때까진 그랬다. 김영환 시장은 소문난 청백리라 지금(2021년) 살고있는 동래 럭키아파트 한 채가 그가 가진 전 재산인 듯하다.

그런데도 그는 유유자적이다. 처음엔 서실에 가서 서예에 심취하더니 지금은 시의 세계에 빠져들어 여러 권의 시집을 펴냈다. 아흔을 바라보는 고고한 모습이 마치 한 마리 학 같다.

박부찬 시장
朴富贊

1992.12.16. ~ 1993.3.3.
3개월

서울 법대와 행정고시

박부찬 시장은 1937년 12월 17일 부산 동래구에서 태어났다. 동래중학교, 동래고등학교를 졸업한 그는 서울대 법대를 졸업하고 행정고시에 합격한 후 경상남도에서 공무원생활을 시작했고, 내무부에서 잔뼈가 굵었다.

화려한 공직생활

36세 젊은 나이에 사천 군수를 거쳐 진해시장, 부산보사국장, 창원시장, 울산시장, 제주·경기 부지사, 부산 부시장, 국무총리실 제3조정관 등을 역임했다.

타고난 자질에 올곧은 성품과 각고의 노력으로 한평생 공직생활 중 발길 닿는 곳마다 수많은 사연과 업적을 남긴 그의 부산시장 재임 기간이 3개월도 안 되어 안타깝다.

초원복국집 사건으로 국무총리실에 있던 그가 부산시장으로 왔을 땐 그야말로 금의환향이었는데, YS가 집권하자 그는 정권 차원에서 교체된 것인지, 경남고 세력에 동래고 세력이 밀린 것인지 오랜 공무원 생활을 마감했다.

비록 생활 터전은 서울이지만 부산시청 출신 옛 동료들과도 정을 나누면서 동우회지에 추억의 글을 싣기도 하고 신라대학을 비롯한 여러 대학에 출강하는 등 노후 생활을 알차게 보내고 있다.

정문화 시장
鄭文和

1993.3.4. ~ 1994.9.23.
1년 6개월

    정문화 시장이 태어난 곳은 창원시 동정동이고 경남고등학교와 서울법대를 졸업한 후 고등고시 행정과에 합격했다. 공직생활은 총무처에서 잔뼈가 굵었고, 언제부터인가 '작은 거인'이란 별명이 붙었다.

그는 총무처 차관 재임 중인 1993년 3월 부산직할시장으로 발령을 받아 1년 6개월간 재직하는 동안 ▲해상신도시 건설 백지화 선언 ▲영락공원 화장장 건립 ▲생곡 쓰레기 매립장 확보 ▲부산시 청사 이전 ▲국유지인 을숙도의 시유지 전환 등 부산의 굵직굵직하고 큰 난제들을 너무나 많이 해결했다.

구포 열차 전복사고

1993년 3월 4일 정문화 시장이 취임한 지 불과 20여 일 후인 3월 28일 일요일 오후 5시 30분, 그날 따라 부산에는 추적추적 비가 내리고 있었다. 종착역인 부산역을 향해 힘차게 달려오던 서울발 무궁화호 열차가 구포역을 100여 미터 앞두고 갑자기 땅속으로 꺼지듯 곤두박질치며 처박혔다. 눈 깜짝할 사이 사망자 75명, 부상자 200여 명이라는 대참사를 빚은 구포 열차 사고의 몸서리치는 순간이었다.

그 무렵 YS 집권 초기에는 너무나 끔찍한 대형 사고가 많았다. 하늘에서는 비행기가 추락하고, 호수에서는 유람선에 불이 나고, 땅에서는 열차가 뒤집혔다며 언론에서 대서특필했다.
시에서는 부랴부랴 구포에 있는 지하철 공사현장 사무소 가건물 2층을 빌려 사고대책본부를 설치했다. 정 시장은 사고대책 본부장인 필자(당시 기획관리실장)에게 사망자와 부상자들을 북구 관내 10여 개 병원에 분산해서 입원시키라 했다. 그래야만 신속 진료가 가능하고 혼란을 최소화할 수 있다는 것이다. 그리고 병원마다 간부급 직원들을 배치하여 환자와 가족들의 불평불만이 없도록 빈틈없이 대처하라하면서, 대책본부에서 살다시피 했다.

중앙에서는 황인성 국무총리와 교통부 장관, 국회의원들이 들이닥치고 수많은 보도진이 대책본부가 있는 2층으로 몰려드는데 그 가건물이 무너질까 봐 사람들을 통제하느라 옥신각신 야단법석을 떨기도 했다.

대체로 이런 큰 사고가 나면 상당한 고위직 공무원을 대상으로 형사책임을 묻는 것이 상례였다. 설사 법적 책임이 없다 해도 도의적 책임을 물어 공직을 박탈하곤 했다. 이번에는 또 누가 당하나 조마조마한 마음으로 지켜보던 부산시 관계 간부들은 그간 수사 중이던 고 모 국장, 정 모 구청장 등이 무사히 풀려나자 모두 놀란 가슴을 쓸어내리고 안도의 숨을 쉬었지만, 직위 해제라는 행정적 책임만은 면할 수가 없었다.

당시 정 시장의 차분하면서도 적절하고 신속한 조치가 사고 수습을 조용한 가운데 치르게 했다고 직원들은 이야기한다.

해상신도시 건설 백지화 선언

정 시장이 처음 부임했을 때 가장 큰 현안 과제는 안상영 시장이 추진하던 남항 앞바다 해양신도시 건설 계획을 후임 김영환 시장이 그냥 밀쳐둔 상태로 가덕도 신항만 건설에 힘을 쏟을 때였다.

해양신도시 건설 계획 백지화는 이미 내부적으로 결정된 상태였지만 그동안 시민들에게 너무나 장밋빛 큰 꿈을 심어 놓았고 기대하는 사람들도 많았기 때문에 대외적 백지화 선언은 부담스러웠다.

또한 그때는 지속적으로 지가가 하락 추세에 있어 해양신도시 건설 사업을 강행할 경우 부산시가 엄청난 빚더미에 올라 파국을 맞을 수도 있는 상황이었다. 정 시장은 1994년 5월 해양신도시 건설 중단을 선언했다.

시립 화장장 건립

정 시장이 1993년 3월 부산시장에 부임하고 보니 구서동 시립공원 묘지 경내에 시립 화장장을 건립하는 문제를 놓고 현지 주민들과 부산시 사이에 팽팽한 줄다리기를 하고 있었다.

주민들의 배후에는 그 지역 출신의 실세 국회의원도 있었다. 얼마나 주민 반대가 극심했던지 정 시장이 부임한 1993년 3월부터 1994년 6월까지 무려 133회에 이르는 반대시위에 3만 5천 명이 참여했고, 90명의 통장이 사퇴서를 던졌다.

장기 집단사태를 빨리 마무리하라는 내무부 장·차관의 질책성 전화를 받고도 '내가 직을 걸고 책임지겠다'며 밀어붙였다.

드디어 주민 반대 여론을 잠재우고 영락공원 건립에 착수했지만 문을 연 것은 1994년 9월, 정 시장이 떠난 후 6개월 뒤인 1995년 3월이었다.

쓰레기 매립장 확보

정 시장이 맞닥뜨린 또 하나의 현안 과제는 쓰레기 매립장 확보 문제였다.

그가 부임한 1993년 3월은 석대 쓰레기장 매립이 끝나고 을숙도 매립장은 준비가 덜 된 시기였다. 안준태 청소과장이 석대 주민 대표들을 만나 마감 시한을 한 달간만 연기해달라 매달렸지만 1993년 5월 1일부터 3일간 주민들이 진입로에 바리케이드를 치고 청소차 진입을 저지하자, 온 시내에 쓰레기 냄새가 진동하는 등 그야말로 쓰레기 대란이 일어났다.

정 시장 재임 1년 6개월의 기간은 부산시 쓰레기 매립장의 숨통을 트이게 한 생곡매립장 건설을 본격 추진한 시기였다.

시청사 이전

정문화 시장 재임 중 또 하나의 치적은 부산시의 오랜 숙원사업이었던 시청사 이전이다. 그가 부임하기 전인 김영환 시장 당시 시청 이전 예정지는 연산동 소재 육군 제53사단 부지(지금의 시청사)였으나, 건립 예산(국비 지원) 확보가 난제였는데 정 시장이 부임한 그때는 여러 가지 여건이 너무 좋았다.

YS가 대통령이 된 정권 초기였고 문정수 국회의원(북구 출신)이 민자당 사무총장, 김운환 국회의원(해운대 출신)이 1994년도 예산결산위원회 간사로 있었다.

경제기획원에도 동래고 출신 오세민(훗날 부산 부시장) 기획관리실장, 부산고 출신 김정국 총괄국장, 변양균 총괄과장 등 부산 인맥이 많았다. 거기다가 정 시장이 총무처 차관 출신이다 보니, 그의 전화 한 통이면 예산 심의관들도 지난날 자기 인사에 도움을 받은 인연 때문인지 매우 협조적이었다.

부산시 기획관리실장으로 있던 저자가 경제기획원 곳곳을 방문해 보니 단 한 사람, 이석채(훗날 재무부 장관 역임) 예산실장이 건립 단가가 평당 400만 원으로 책정된 부산시와 대법원 신청사 건립비를 두고 끈질기게 반대했다.

정문화 시장은 이석채 예산실장을 아에 제쳐두고 예산 심의관들에게 두 번 세 번 전화를 걸었다.
"평당 건립비 400만 원이 높다지만 이 시청 건물은 앞으로 100년 이상 부산의 상징적 건물이 될 것입니다. 지금의 시각으로 보지 말고 먼 내일의 시각으로 판단해 주십시오."
이제는 심의관들이 예산실장을 설득했다. 그러자 이석채 예산실장은 설계단가 문제 대신 직제문제를 들고 나왔다.
"직제상 경찰국은 시장 산하에 있으니 경찰국 청사는 시비로 지어야 한다"고 했다.
그 말을 전해 들은 정 시장은 웃으면서 이석채 실장에게 전화를 걸었다. "경찰국장 인사권을 내게 주시오! 그러면 집도 내가 짓지."
이석채 실장은 할 말을 잃었다.

그러나 국회 예산소위에서 또다시 부산시청과 대법원 신청사의 설계단가가 평당 400만 원이란 것은 너무 높다며 물고 늘어졌다. 하지만 당시 예산소위원회 간사였던 김운환 해운대 출신 국회의원에게 정문화 시장이 이미 신신당부를 해둔 터였다.

말도 많고 탈도 많았던 평당 400만 원이란 설계단가는 실제 건물을 지을 땐 평당 350만 원으로 낙찰되었다.

해운대 신시가지 지역난방 문제

해운대 신시가지 건설을 위한 구상은 1982년 최종호 시장 때부터 시작되었지만 그 후 6명의 시장이 거쳐 가는 동안 김영환 시장 재임 시절 기공식만 가졌을 뿐 권역범위, 기존 마을의 제척 문제, 아파트 간의 동 간 거리, 아파트의 층고 문제, 가로망, 도시가스냐 지역난방이냐 등등 여러 가지 난제들은 미결 상태로 남아 있었다.

그중에서도 가장 골치 아픈 것이 도시가스냐, 지역난방이냐를 결정하는 문제였다. 당시 부산도시가스 사장은 홍승순 전 부산시 부시장이었고 감사엔 조삼규 전 내무국장, 상무엔 허규상 전 동구청장 등이 있었다. 그들은 지역난방을 하면 다이옥신 등 발암 물질이 발생한다며, 한사코 도시가스 난방을 주장했다.

그러나 정문화 시장은 도시가스 측의 끈질긴 주장과 요구에도 단호하게 지역난방을 지시하여 끝까지 관철시켰다.

2021년 현재 해운대 신시가지에는 10만이 넘는 인구가 거주한다. 신시가지 난방비는 여느 도시가스 난방비의 절반 수준이다.

을숙도를 시유지로

정문화 시장 재임 시절 또 하나 엄청난 숨은 업적은 국유지였던 을숙도를 쓸모없는 시유지와 맞바꾼 것이다. 그동안 시내에 산재한 경찰서, 파출소와 자동차 운전면허 시험장에서 깔고 앉은 시유지를 국유지인 을숙도와 맞바꾼 것이다.

직원 제안 제도 공모에서 채택된 이 아이디어를 실현하는 데는 평가금액 조정과 관련 중앙부처(내무부, 재무부, 건설부)와의 협조 등 수많은 난관이 있었으나 끝내 관철시켰다. 지금의 금액으로 환산하면 너무나 엄청난 이익이 창출된 것이다.

덕산정수장 먹물 소동

1993년 5월 어느 날 두산중공업 대구공장에서 발암 물질인 '페놀'을 다량 낙동강으로 유출한 사건이 있었다.

낙동강 물을 상수도원으로 이용하고 있는 부산상수도본부에서는 비상이 걸렸다. 언론에서는 신문이나 방송 모두 이 문제를 집중보도했다. 시민단체에서는 몇백 명의 회원들이 부산시청으로 항의 방문하고, 시의원들과 기자들은 물론 이회창 국무총리와 최형우 내무부 장관이 덕산정수장 현장을 방문하여 사건 현황을 청취하기도 했다.

　엉뚱한 짓을 하는 사람을 두고 '자다가 남의 다리 긁는다'고 하는데, 이것이야말로 정말 그 꼴이다. 대구에서 유출된 페놀이 부산식수원에 어떤 영향을 미치는지에 대해 현황을 알아보는 것은 이해할 수 있지만, 낙동강 수질을 보호·관리 하는 낙동강 관리청은 그냥 두고 피해자 격인 덕산정수장을 찾아 닦달했으니 참으로 어불성설이다.

　부산상수도본부를 비롯한 덕산정수장 관계자들은 수돗물 생산은 뒷전이고 페놀 관련 방문자들에 대한 안내와 현황 설명에 매달리고 있었다.
　아니나 다를까. 하루 종일 방문자를 대상으로 현황 설명에 시달리던 직원이 한밤중에 깜박 졸다가 약품 투입 시간대를 놓쳐 버렸다. 제대로 처리되지 못한 물이 수도 관로를 타고 흘러갔으니, 그것이 '수돗물 먹물 소동'이다.

그 사건을 두고 YS가 정문화 시장에게 전화를 걸어 노발대발했다. 심지어 정 시장은 사표를 써서 안명필 부시장에게 맡겨두기까지 했다는 것이다.

결과적으로 상수도 사업본부장이 그만두었지만 생각할수록 얼토당토않는 일이다. 페놀사태에 대한 문제는 처음부터 낙동강 관리청에서 책임소재와 대책 방안을 따졌어야 했다. 수돗물 먹물 사건은 피해 기관을 떼거리로 찾아가서 업무를 방해(?)한 자들의 책임이다.

그러고 보니 그 옛날 성수대교 붕괴사고가 났을 때 국회의원들이 현장을 찾아 샅샅이 둘러보던 장면이 TV에 방영되던 게 생각난다. 성수대교가 무너진 원인은 크게 보아 두 가지로 유추(類推)할 수 있다. 하나는 시공업체의 부실공사이고 다른 하나는 제도적 허점이다.

대체로 선진국과 후진국은 공사단가에서 큰 차이가 난다. 성수대교가 시공됐을 당시 공사비가 얼마인진 모르나, 관행적으로 최초의 설계금액은 예산부서나 국회 심의 과정에서 얼마간 삭감될 수 있고 입찰 과정에서 또 줄어들기 마련이다. 원청자가 모든 것을 직접 시공치 않고 부분별로 하청, 재하청되었을 수도 있다.

국회의원들은 이런 제도적·관행적 문제점을 찾아내어 바로

잡아야지 너나없이 현장으로 달려가서 여기가 부실하네, 저기가 부실하네 하며 생중계되는 TV를 의식한 듯 떠들어대고 있었다.

무슨 사건 사고가 터지면 이런 보여주기식 얼치기 방문자들 치다꺼리하느라 다른 업무가 마비되고 전혀 엉뚱한 희생자가 생기게 된다.

정계 진출 두주불사

정문화 시장은 부산시장에서 물러난 뒤 한나라당 소속으로 부산 서구에서 입후보하여 국회의원으로 당선되어 한나라당 행정자치 위원장, 대한민국 헌정회 이사 등을 역임하기도 했다.

정 시장이 공직에 있던 시절은 군사문화 때문인지 두주불사 하는 대주가 시장들이 많았다. 김현옥, 최두열, 안상영, 정문화 등이다. 1994년 정 시장이 현직에 있고 안 시장이 야인으로 있던 어느 날 저녁, 시청 출신 몇몇 사람들과 술자리를 가진 적이 있었다.

짓궂은 누군가의 제의로 안 시장과 정 시장 사이에 술 시합(?)이 벌어졌다. 맥주잔에 양주를 가득 부어 한 잔 또 한 잔 거듭되자, 안 시장은 두 손을 들고 정 시장은 가득 부은 술잔을 머리에

이고 탁자 위에 올라가서 너울너울 춤을 추었다.

어떤 50년

정문화와 아내 노몽규는 결혼 50주년 금혼을 맞아 『어떤 50년』이란 작은 책 한 권을 펴내었다. 정 시장은 한평생 관직에 있었고 국회의원으로서 정치권에도 몸을 담았으며 아내 노몽규도 교육계의 원로였다. 그러나 그 책 어느 한구석에도 그런 이야기는 한 구절도 없었다.

아이들 이야기, 어머니 이야기, 특히 어머니 이야기는 시장 재임 때도 들은 기억이 난다. 출근하고 퇴근을 할 때, "다녀오겠습니다.", "다녀왔습니다." 그러면 "밥 많이 묵었나?", "밥 많이 묵으레이" 하신단다.

99세의 어머니는 오매불망 아들 배고플까 봐 그 걱정뿐이셨다.

그의 어머니 장대성화 보살님은 창원 천주사 신도회장으로 어려운 고비마다 소송을 마다않고 절을 지킬 정도로 불심이 깊으셨단다. 막내아들이 부산시장으로 있던 1983년 8월 15일 극락세계 가는 길엔 부산에서 창원까지 태극기가 나부꼈다.

잔잔하면서도 가슴에 새겨지는 글이다.

2부 | 부산상공회의소 회장편

백산상회 · 안희제
조선견직 · 김지태
흥아타이어 · 이연재
동방흥업 · 신덕균
대선발효 · 박선기
조개표석유 · 신중달
동명목재 · 강석진
국제상사 · 양정모
넥센그룹 · 강병중

안희제
부산상공회의소 상임의원
백산상회 창립

安熙濟

28세 때 부산과의 인연

백산(白山) 안희제(安熙濟)의 묘비에는 다음과 같은 글귀가 있다.

"정녕 민족사상의 고취자요, 민족교육의 선각자요, 민족자본의 육성자이시며, 민족언론의 선구자이신 백산 선생이 여기 잠들어 계시다."

이같이 백산은 여러 분야에 큰 족적을 남겼지만, 부산 인물사 등 각종 자료에는 민족주의 사상가나 독립운동가로 분류돼 있다. 그것은 그가 관여한 경제·교육·언론 등은 어디까지나 수단이라 할 수 있고, 전 생애를 통한 지고의 목표는 빼앗긴 나라를 되찾는 민족 독립에 있었기 때문일 것이다.

그런데도 백산 안희제를 부산 경제사의 첫머리에 넣은 것은, 안희제의 행적도 행적이지만 안희제와 더불어 백산상회를 설립하고 안희제가 전무이사로 있을 때 사장으로 있었던 최준을 함께 기리기 위함이다.

최준은 전설처럼 전해오는 경주 최부잣집 12대 종손이다. 경주 최부잣집은 가진 자의 본보기요, 만인의 귀감이었다.
"재산은 만 석 이상 모으지 말라.
흉년기에는 남의 논밭을 매입하지 말라.
사방 100리 안에 굶어 죽는 사람이 없게 하라.
며느리들은 시집온 뒤 3년 동안 무명옷을 입어라."
최준과 안희제는 백산상회를 발판으로 독립운동자금을 상해

임시정부에 제공했고, 최준은 해방 직후 가진 재산을 영남대에 모두 기부했다. 이와 같이 안희제와 최준은 우리 시대 가진 자들의 진정한 본보기라 할 수 있다.

백산상회가 있던 동광동에 백산기념관이 있고, 부산경제사에 남긴 족적도 너무나 크다.

백산은 국운이 풍전등화 같던 1885년(고종 22년), 경남 의령군 부림면 설뫼마을의 향반 집안에서 태어났다. 그는 7세 때 친척인 안익제로부터 한학을 배우고, 개신(開新) 유학자인 전 홍문관 교리 안효제에게서 감화를 받은 바 크다고 한다.

을사조약 식후인 1906년 21세 때 민영환이 설립한 흥화학교에 입학했다가 이듬해 보성전문학교 경제과로 옮기고 1908년 또다시 양정의숙으로 전학을 한다. 일찍이 의령에서 의신, 창남 두 학교를 설립하고 윤인구의 아버지 윤상은과 더불어 구포에 구명학교를 설립했다.

백산이 부산과 인연을 맺은 것은 그의 나이 28세 때였다. 그는 한일병합 직후 블라디보스토크로 망명, 고향 사람 최병찬과 더불어 〈독립순보〉를 발간하면서 일제 침략을 규탄하고 동포들의 애국심을 일깨웠다. 그런데 함께 활동하던 최병찬이 폐병에 걸리게 되자 1913년 요양하기 좋은 곳을 찾아 부산으로 내려왔다.

백산상회 설립

부산에 내려온 안희제는 고향에 있는 전답 200마지기를 팔아 시내 동광동에 백산상회를 설립했다. 그 후 영남 일대의 재산가들이 동참해 1919년 자본금 100만 원의 '백산무역주식회사'를 설립하고 '조선주조(㈜)'와 '강남인쇄(㈜)' 등 사업영역을 확장해 나갔다.

이와 같이 부산 경제계에서 탄탄한 기반을 쌓은 백산은 당시 부산상의를 좌지우지하는 일본 세력을 견제하기 위하여 상의 상임의원으로 들어갔다.

그때 친일파의 거두 박춘금(朴春琴)이 주도하는 상애회(相愛會)에서 '도항증'이란 명목으로 부산과 일본을 내왕하는 동포 노동자들의 금품을 착취하자 성토대회까지 열어 기어이 그 제도를 중단시켰다.

독립 자금 지원·연락책

백산은 나라 안팎의 독립운동단체에 대한 지원 자금 조달과 연락책을 맡았다. 애국 독지가들이 독립운동자금을 그에게 기탁하면, 일경의 눈을 속이기 위해 의령 등지에서 중국인들이 좋아하는 조선 종이를 몇 화차씩 구입하여 만주에 있는 회사지점으로 실어 보냈다. 현지에서 받은 물품 대금은 고스란히 상해 임시정부에 건넸다. 백산의 행적을 수상히 여긴 일경이 여러 차례 장부를 압수하고 그를 구속했지만 결정적 증거를 잡지 못해 번번이 풀려났다.

백산은 3·1운동 직전 존경하는 수파 안효제가 만주에서 타계하자 문상차 그곳으로 건너갔다. 그 무렵 미국 윌슨 대통령의 민족자결주의 선언으로 독립투사들은 한껏 고무되어 있었다. 그곳 동지들과 항일투쟁에 대한 의견을 나누고 돌아온 그는 광복 후 초대 부통령을 지낸 이시영과 함께 삼남 각지를 숨어 다니며 동지들을 규합하여 민중봉기의 기반을 닦았다. 그러나 악랄한 일제의 민족 차별적 금융정책과 회사 내분으로 백산무역은 경영난에 봉착, 1928년 1월 회사 문을 닫게 된다.

중외일보 인수와 발해농장 창설

그해 안희제는 활동무대를 서울로 옮겼다. '기미육영회'를 통해 일본에 유학 보낸 전진한 등이 주도하는 협동조합운동에 참여하는 한편, 언론계에도 관여했다.

1929년 의령 만석꾼 이우식의 자금을 유치하여 당시 3대 민족지의 하나인 「중외일보」를 인수한 그는 사장에 취임하여 직접 집필, 도도한 문장으로 총독정치를 질타했다.

1931년 백산은 광산업으로 큰돈을 번 김태원과 함께 발해의 옛 도읍지인 북만주 동경성의 광대한 땅을 사들여 발해농장을 창설한다. 백산의 독립운동사에서 두드러진 점이 있다면 시종일관 경제활동과 연관되어 있었던 점이 아닌가 싶다.

백산기념관

동광동 옛 백산상회가 있던 자리엔 백산기념관이 있다.

그 기념관은 무엇을 형상화한 것인지, 그 예술적 깊은 뜻을 나는 모르겠다.

외람된 나의 생각으로는 그 옛날 백산상회의 그 모습 그대로였으면 좀 더 정감 있지 않았을까 싶다. 예술성이 중요한가, 역사성이 중요한가, 건축가의 시각이 중요한가, 보통 사람의 시각이 중요한가?

독립투사의 비애

임시정부는 상해에 있었지만, 독립투사들은 각자 처한 여건에 따라 미국, 중국, 소련 등지로 흩어져서 싸웠다. 그들의 목표는 오직 하나, 나라의 독립뿐이었다.

그러나 제2차 세계대전이 끝나고 조국이 두 동강으로 갈라질 줄 누가 알았으랴. 체제가 다른 미국과 소련에 의하여 분점(分店)될 줄 어찌 알았으랴. 광복된 조국에서 독립투사들은 자유민주주의냐, 공산주의냐를 두고 하나를 선택할 수밖에 없었다.

그런 면에서 생각하면 안희제가 조국의 광복을 보지 못하고 타계한 것이 천추의 한이긴 하지만, 조국이 갈라서서 총부리를 겨누고 있는 이 모습을 보지 않은 것은 그나마 다행이라 할 수 있을까.

안희제 선생은 비록 상의회장은 아니었지만, 광복 이전 부산상의 상임의원이었고 '백산상회'의 상징성을 고려하여 여기에 싣는다.

김지태

부산상공회의소 회장
조선견직 창업

金智泰

부산 좌천동 출생

자명(子明) 김지태(金智泰)는 부산 지역사회에 너무나 큰 발자취를 남겼다. 특히 기업인으로서의 그의 생애는 광복 전후 부산 경제계를 이해하는 데 도움이 될 것이다.

김지태는 1908년 부산 좌천동에서 태어났다. 그의 집안은 부산에서 12대를 살아왔고 조부 김채곤은 통도사 신도회장을 맡았을 뿐 아니라, 육영제(育英齊·부산진초등학교 전신)라는 학교를 세울 정도의 재력가였다. 아버지 김경중은 일본에 유학을 다녀온 개화된 지식인이기도 했다.

그런 집안에서 태어난 김지태는 부산공립보통학교와 부산제2상업학교(부산상고)를 졸업했는데, 재학시절엔 축구선수였다고 한다.

'동척' 불하 땅 2만 평

1927년 김지태의 나이 20세 때 동양척식주식회사(이하 동척) 부산지점에 입사했다. 그 시절 그는 정공단(鄭公壇) 옆에 부산정묘학교란 야간학교를 설립하여 불우 청소년들을 모아 교사 노릇을 하기도 했다.

그때 과로한 탓이었을까. 동척 재직 중 폐결핵에 걸려 5년 만에 회사를 그만두면서 그 회사 울산농장의 땅 2만 평을 10년 분할상환 조건으로 불하받았다. 이 땅에서 수확한 벼는 분할상환금을 갚고도 매년 100석 이상이 남았을 뿐 아니라 그 땅을 담보로 대출도 가능했다.

지기(紙器) 회사 번창

2년여에 걸친 투병생활 끝에 병세가 호전되자 이 농장을 바탕으로 1934년 부산진직물공장을 인수하여 기업인으로서 첫 출발을 했다. 범일동에 있던 이 공장은 방직기 40대에 종업원 70명의 인조견 생산 회사였다. 그러나 경험 부족과 큰 기업과의 경쟁으로 회사는 1년 반 만에 다른 사람에게 넘어가고 빚만 졌다.

첫 사업에 실패한 김지태는 재기를 위해 무엇을 할까 고심하던 중 평소 친분을 쌓은 직물도매상 하기노 상점의 소개로 일본 오사카에 있는 이시이(石井) 철공소를 찾아갔다. 그곳에 고속 권지(捲紙)기기 일체를 주문한 후 3개월간 그 공장에서 실습을 했다.

그리고 귀국하여 울산농장을 담보로 부산 제2금융조합에서 융자를 받아 1935년 9월 범일동에 조선지기(紙器)주식회사를 설립했다. 원료는 일본 굴지의 제지회사인 왕자제지와 태양제지에서 공급받았는데, 사업은 날로 번창했다.

회사 설립 1년 뒤인 1937년 중일전쟁으로 전쟁 특수까지 겹치자 회사는 한층 활기를 띠었다. 사업에 자신이 생긴 김지태는 지류생산업에 머물지 않고 식산은행 부산지점에서 거액을 대출받아 지류 무역업에까지 사업을 확장했다. 재운이 있었던지 오사카에서 물품을 배에 싣고 부산으로 오는 사이 값이 폭등하여 횡재를 하기도 했고, 창고가 모자라면 공장 부근의 마구간을 빌려 물품을 쌓아 두었다고 한다.

그는 부동산업에도 손을 대어 부산뿐 아니라 김해와 동래, 경주에까지 진출했다. 기존 울산농장 외에 동래와 김해의 농토를 중심으로 목산(牧山)농장을 설립하는 한편 부산부동산회사까지 설립했다.

이처럼 지류와 부동산업으로 거대 자본을 축적한 김지태는 1943년 일본인이 경영하던 조선주철공업합자회사를 인수했다. 이 회사는 주물 위주의 기계류를 생산했는데 때마침 태평양전쟁 중이라 군수품 공업의 호경기에 편승할 수가 있었다.

그 무렵 김지태는 38세 젊은 나이로 부산에 거주하는 우리나라 사람 중 호별세를 가장 많이 낼 정도로 재산가로서의 탄탄한 기반을 갖고 있었다.

'조선견직'과 '삼화고무'

1945년 광복을 맞고 정부가 수립되자 그동안 일본인들이 소유하던 정부 귀속재산인 기업체의 처리를 놓고 논란이 많았다. 몇몇 중화학공업을 제외한 대부분의 기업은 민간에게 불하됐다.

김지태는 부산 귀속재산관리인회 이사장직을 맡은 사실이 있고, 또 그의 3대 주력기업 중 조선견직과 삼화고무가 귀속기업체일 뿐만 아니라 그 뒤 창설한 한국생사도 산하 16개 제사공장 중 동방제사와 대한생사가 귀속기업체였다는 것이 일반적으로 알려진 사실이다. 그러나 그의 후일담을 들어보면 조선견직 이외의 기업체는 다른 사람이 불하받은 것을 인수한 것이고 조선견직도 그럴 만한 사정이 있었다고 한다.

조선견직의 원래 명칭은 '아사히견직'이다. 부전동과 거제동에 있던 이 회사는 종업원 300명 규모로 군수용 피복 등을 생산했는데, 광복 후 일본인 사장이 떠나자 종업원들이 자체 운영에 들어갔다. 그러나 광복 직후의 혼란과 회사 내부의 좌우익 사상 대립으로 경영이 어려워지자 종업원 대표들은 김지태를 찾아와서 회사 관리권 인수를 간청했고 경남도 광공업국장까지 나서서 그를 설득했다는 것이다.

그런 연유로 회사 관리권을 맡게 된 김지태는 거액을 들여 회사를 확장, 300명이던 종업원을 1천800명으로 늘렸다. 1949년 회사 명칭을 조선견직으로 바꾸었으며 2년 뒤 그 회사를 불하받았다는 것이다.

삼화고무(주)는 일제 때 그 회사 대구영업소장을 지낸 김예준이 1951년 불하받은 것을 1958년 김지태가 인수했다. 이 회사가 경영난을 벗어나 본궤도에 오른 것은 케미컬 슈즈 등 신제품 개발과 해외 수출길이 열린 1960년대 중반부터였다.

한국생사

김지태가 부산지역 기업인에서 전국적 기업인으로 발돋움한 것은 '한국생사'를 창업하면서부터다. 한국생사의 모태는 1946년에 설립한 대동산업이다. 이 회사는 조선견직의 원료 조달과 생산된 견직물 수출을 주로 하는, 일종의 무역회사였다.

그 후 대동산업은 밀양·진주·진해 등지에 있는 제사공장을 인수하고 강원도 춘성군에 60만 정보의 뽕나무밭을 조성하여 관리했는데, 1949년에는 회사를 서울로 이전, 자본금 1억 원의 이

화상사(주)로 새출발 했다. 전국에 걸쳐 설립 또는 인수한 생사 회사가 16개사로 늘어나자, 1955년 회사 명칭을 한국생사(주)로 바꿨는데, 이때부터는 그야말로 실크계의 세계적인 회사라 해도 과언이 아닐 정도였다.

그때 시중에서는 진담 반 농담 반으로 세계 최대의 실크황제는 중국 마오쩌둥이고 그다음은 일본에 있는 편창제사, 그리고 세 번째가 한국생사의 김지태라 했을 정도다.

'조방낙면' 사건

그러던 김지태에게 위기가 닥쳤다. 조선방직 이사로 있던 그가 1950년 세상을 떠들썩하게 했던 '조방낙면(朝紡落綿)' 사건에 휘말린 것이다. 내용인즉, 조방에서 생산되는 군수용 광목에 불량품을 섞어 이적행위를 했다는 것이다.

그러나 이 사건은 이승만 대통령 연임 반대에 앞장섰던 야당 국회의원 김지태에 대한 정치적 탄압이었다는 것이 일반적 시각이었다. 김지태에 의하면 그 사건 때문에 그에게 넘어오기로 되어 있던 조방 관리권이 강일매에게로 넘어갔다는 것이다.

출혈수출로 내리막

두 번째 시련은 5·16군사정변 직후에 불어닥쳤다. 박정희정부가 제정한 부정축재관리법에 따라 김지태는 남산 헌병대에 수감됐고 환수금 5억 원을 납부해야 했다. 설상가상으로 1970년대 후반 일본의 자국 생사산업 보호를 위한 수입규제와 값싼 중국 생사의 영향, 그리고 박정희 정권 시절 과도한 수출 드라이브 정책에 따른 출혈수출은 그의 몰락을 가속화했다.

1946년 부산상공회의소 초대 회장

1945년 8월 광복을 맞았지만 그간 일본인 중심으로 운영되던 경남상공경제회는 그들이 즉각 철수하지 않아 우리 상공인들이 인수할 형편이 못 되었다. 이에 그와는 별도로 '상공위원회'라는 임의 단체를 설립했다.

위원장은 경남 피복공업협동조합장을 지낸 이춘옥이 맡고 3명의 부회장을 두었다. 김지태는 재정부장을 맡았지만, 위원장 이춘옥과 뜻이 맞지 않아 곧장 탈퇴했다.

그해 10월 미 군정 하리스 경남지사는 일본인들이 운영하던 경남상공경제회 조직과 업무 일체를 김지태에게 인계토록 통고해 왔다. 이어 간부들을 임명했는데 회두(會頭-회장)에 김지태, 부회두는 이춘옥과 이병희, 상무는 김낙제가 맡았다.

그 후 1946년 7월 임의 단체인 부산상공회의소 창립총회가 진행되었고 초대 회두를 선출했다. 김지태와 부산물자운영조합 문병주 이사장이 경합하여 김지태가 당선됐다. 김지태는 경남상의 회두를 겸직했다.

2·3대 국회의원

1949년 7월 초대 회두의 임기가 끝나자 2대 회두 선출이 있었다. 후보자는 김지태와 훗날 3대 회두를 맡게 될 이연재(李年宰)였다. 전국 굴지의 무역회사인 미진상회 대표인 이연재는 대양양조 박선기(4대 회장 역임) 등을 선거참모로 적극적인 선거전을 펼쳤다.

그때도 지금과 마찬가지로 회비를 납부한 회원들이 의원을 뽑고 그 의원들이 회두를 선출하는 방식이었다. 예나 지금이나 선거전이 치열한 것은 의원 선거보다 회두 선거였다. 그래서 회두에 입후보한 김지태와 이연재는 자기 쪽 지지 의원들을 많이 확보하기 위해 회원들의 미납 회비를 대납해 주기도 했다. 상의 재정 확보에는 어느 정도 도움이 되었을 것이나 상의회장 선거의 혼탁양상은 그때부터 비롯되었다.

그러다 선거 막바지에 이르러서야 양측의 극적인 협상이 타결되었고 김지태가 단일후보로 조율되어 2대 회두에 재선임됐다.

김지태 부산상의 회두는 초대 회두 시절부터 부산특별시 승격운동(훗날 직할시 승격운동)을 추진했다. 그러나 번번이 국회에서 제동이 걸리자 직접 국회에 들어가서 기어이 관철하겠다며 국회의원에 도전했다. 1950년 5월, 2대 국회의원으로 국회에 진출한 김지태는 3대 국회의원에도 당선됐다.

그러나 한 나라에 특별시가 둘이 될 수 없다는 서울 출신 의원들과 부산이 경남에서 떨어져 나가는 것을 싫어한 경남 출신 국회의원들이 결사적으로 반대하여 뜻을 이루지는 못했다. 그 후 특별시 승격운동은 직할시 승격운동으로 변경돼 군사정변 이후인 1963년에 이르러서야 결실을 볼 수 있었다.

신문 방송에도 큰 족적 남겨

김지태는 1947년 산업신문(훗날 국제신문)을 창설한 데 이어 부산일보와 부산문화방송을 인수하고 서울문화방송(MBC)을 설립하는 등 언론 창달에도 기여했다.

그는 또 장학회를 설립해 가난한 학생들을 도왔는데, 노무현 대통령도 어린 시절 그 장학금을 받았다고 한다.

부산박물관 운영위원장

1978년 부산시립박물관 개관 때 김지태는 박물관 운영위원장이란 이색 감투를 쓴 적이 있다. 박물관은 개관했지만, 눈에 띌 만한 중심 유물 한 점 없었다. 그는 때마침 어느 개인이 소장하고 있던 통일신라시대의 금동보살입상 한 점을 사재 8천만 원으로 매입, 기증했다. 그 유물은 그 뒤 국보로 지정되어 지금도 이 박물관의 중심 유물로 전시 중이다.

그러나 김지태의 말년은 허망했다. 그가 일으킨 기업들은 하나둘 다 무너지고 1982년 김지태가 타계하자 범천2동의 살던 집도 헐려 아파트가 들어섰다. 오로지 부산시립박물관 금동보살입상만이 변함없는 미소를 머금고 있을 뿐이다.

이연재
부산상공회의소 회장
흥아타이어 창업

李年宰

일본 우산공장 견습공

한일병합으로 온 나라 백성들이 비분강개하고 눈물을 뿌리던 1910년, 미래의 대 사업가 이연재(李年宰)는 전남 순천에서 태어났다.

고향에서 초등학교를 졸업한 그는 열네 살 어린 나이에 고국을 떠나 일본 오사카에 있는 어느 우산공장의 견습공으로 들어갔다.

당시 일본은 제1차 세계대전 직후의 호경기를 맞아 각종 사업들이 비약적으로 발전을 하고 있었는데, 비가 잦은 일본에서는 특히 우산공장이 잘되었다고 한다. 그곳 우산공장에서 십여 년 동안 꾸준히 기술을 연마한 이연재는 나이 27세 때 오사카에서 '요시모토(吉本)제작소'라는 작은 우산공장을 설립하여 독자적인 사업을 시작했다.

사업가로서의 선견지명이 있었던지 종이우산 대신 천으로 된 양산을 개발해 좋은 반응을 얻었고, 생산과 판매량이 늘어나자 사업은 급속도로 번창했다. 1941년 고국에서 사업을 펼쳐보고자 마땅한 입지를 물색하던 그는 교통 여건상 지리적으로 일본과 가까운 부산이 적지라고 판단했고, 그때부터 부산과 인연을 맺게 된 것이다.

'조선양산', '홍아타이어' 설립

이연재는 서면에 조선양산주식회사를 설립하여 서른두 살 젊은 나이에 사장에 취임했다. 국내에선 구매력이 없어 그랬는지 생산한 양산을 대부분 해외로 수출했다.

1945년 광복 후 2년이 지난 1947년, 그는 동서인 이복영과 공동으로 부산 남포동에 미진(美進)상회를 설립하고 사장에 취임했다. 미진상회는 '미진호'라는 화물선까지 보유하고 무역업과 해운업을 활발히 펼쳤는데, 특히 소맥분 수입으로 엄청난 부를 쌓았다.

미진상회를 설립한 다음 해인 1948년에는 조선중공업(주) 사장에 취임한 데 이어 이듬해에는 서면에 있는 홍아타이어(주)를 인수했다. 이 공장은 '운크라(UNKRA)' 원조 자금으로 건설한 국내 굴지의 기업체로서, 당시로서는 규모가 비교적 크고 시설이 훌륭했다.

같은 해 국제신문과 조선석유(주) 사장에 취임했다. 6·25전쟁이 일어난 다음 해인 1951년 미진건설을 설립하고 1952년에는 제일화재보험과 세계통신을 창립하는 등 당시 부산 경제계와 언론계에서 큰 비중을 차지했다.

한편 1949년 김지태 부산상의 회두의 초대 임기가 끝나고 2대 회두를 선출할 때 이연재는 김지태에게 도전장을 냈다. 그는 대양양조(大洋釀造) 박선기를 선거참모로 기용하여 치열한 선거전을 펼쳤지만, 김지태의 지지 기반을 무너뜨리기엔 역부족이었던지 막바지 협상 끝에 사퇴했다.

그로부터 3년이 지난 1952년 제3대 부산상의 회장 선거에 입후보한 그는 총 50명의 상의의원 중 44표를 득표, 너끈히 당선됐다.

상의에 건물 기증

이연재는 화끈하고 통이 컸다. 당시 부산상의는 1950년 12월 13일 불의의 화재로 신창동 회관 건물이 소실되어(각종 경제자료도 모두 소실) 충무동에 있던 부산청과 건물 2층에 세들어 있었는데, 이 회장이 사재로 용두산공원 밑에 있던 중국집 진송원(振松園)을 매입하여 상의회관으로 기증했다.

날로 번창하던 그의 사업은 당시 전국을 떠들썩하게 했던 중석불(重石佛) 사건으로 좌초하고 말았다. 이 사건은 1952년 6월 정부가 중석불을 외국에 팔아 벌어들인 달러를 민간 기업체에 불하하여 밀가루와 비료를 수입하게 하고, 이를 농민에게 비싼 값으로 팔아 피해를 입힌 사건이다. 이연재는 이 사건으로 100억 원의 손실을 봤다고 한다. 미진상회도 파산되고 1962년 단 하나 남아 있던 홍아타이어의 관리권마저 산업은행에 넘어가자 재기에 몸부림치던 그는 55세의 아까운 나이에 유명을 달리했다.

신덕균
부산상공회의소 회장
한국 곡물왕

申德均

와세다대 졸업한 가덕도 출신

눌원(訥園) 신덕균(申德均)은 한일합병 전해인 1909년(융희 3년) 8월, 경남 창원군 천가면 동선리(지금의 부산 강서구 가덕도) 한적한 갯마을에서 수산업을 하던 신태규의 둘째 아들로 태어났다.

1922년 가일보통학교를 졸업한 그는 1885년 미국인 선교사 언더우드가 설립한 개신교 개통 근대식 학교의 효시민 경신학교에 진학했다. 안창호, 김규식 등 독립운동가들이 이 학교 출신인데다 그가 입학할 당시 이 학교에는 민족주의 교사들이 많았다.

그런 분위기 속에서 신덕균은 은사 장지영에게는 국어, 최남선과 이선근에게는 역사, 이광수에게는 영어를 배웠다. 그때 스승들로부터 민족주의 운동 전개방식으로 그의 뇌리에 전수된 것은 산업 육성과 교육 발전이었다. 그리고 그것이 신덕균의 한평생 기업활동에 큰 영향을 끼친 듯하다.

1930년 그는 이광수 최남선, 이선근 등 스승이 수학한 일본 와세다대학 정경학부로 유학을 떠나 1934년 졸업과 동시에 고향으로 돌아온 후 잠시 모교인 가일보통학교에서 교편을 잡기도 했다.

지식인의 갈등

하지만 그의 앞길은 참으로 암담했다. 이 시골구석에서 한평생 선생질만 하다 늙어 죽을 것인가, 그렇지 않으면 어떤 관직의 길로 나가보려고 몸부림이라도 쳐볼 것인가. 하지만 신덕균 회장의 말을 빌리면 당시 친일파 자식들도 일본 유학길에 오르면 항일운동에 가담하지 않을 수 없을 만큼 모든 유학생들은 일본에 대한 저항의식이 강렬했다고 한다. 심지어 일본 동경 한복판에서도 일본말 사용을 금기시했다고 한다.

그런 그들이 학업을 마치고 귀국했다고 해서 어떻게 그 마음이 하루아침에 변하겠는가? 그러니 유학을 마치고 돌아온 그들은 요시찰 대상이라 늘 일본경찰이 따라붙었다. 일본 유학생을 비롯한 그때의 지식인들은 참으로 처신하기가 난감했다. 자칫 잘못하면 친일파의 길을 걷게 되고 또 어쩌다 보면 좌익사상에 물들게 되고, 그들의 눈 밖에 나면 감옥 신세를 지기도 한다.

그래서 그때의 지식인들은 떠돌이 낭인(浪人)이 되거나 울분을 삭이지 못해 한평생 폐인처럼 살아가기도 했다.

장사꾼의 길

신덕균이 젊었던 그 시절은 사농공상(士農工商)의 신분의식이 뚜렷할 때였다. 그가 다니던 학교 선생들은 신분의 최상층인 선비계급에 속했지만, 신덕균은 그것을 마다하고 제일 밑바닥 장사꾼의 길을 걷기로 했다.

그가 정미소사업을 작심한 계기는 경신학교 시절 이광수, 최남선 등 은사들의 '산업 육성', '물산장려'라는 가르침이 영향을 준 것일까, 아니면 아내의 친정에서 정미업을 한 것 때문일까. 그도 아니면 먼 미래를 내다본 독자적 안목 때문일까.

어쨌든 그때 선비인 학교 선생의 길을 버리고 장사꾼인 정미소 사업을 시작한 것이 결과적으로 그의 인생에 대박을 터트렸다.

한국의 곡물왕

1935년 신덕균이 26세 되던 해, 우연히 마산항에 정박해 있던 일본 화물선에서 곡물을 하선시키는 모습을 물끄러미 바라보다가 식이위천(食以爲天)이라, 사람은 먹는 것이 중요하다는 생각을 하였다.

곡물사업을 하겠다며 수산업을 하던 아버지를 설득하여 얼마간의 사업자금을 지원받았다. 첫 사업으로 시작한 것이 지금의 부산역 건너편, 속칭 텍사스거리에 설립한 '태평정미소'였다. 그는 미곡거래소에서 현미를 매입해 백미로 도정하여 팔았다.

일제 말기 물자통제가 시작되자 쌀도 그 대상에 포함되고 정미소도 통합 운영케 되었다. 그때 신덕균은 조선인이 운영하던 4개 정미소와 일본인이 운영하던 3개 정미소를 통합한 '부산합동곡산주식회사'의 사장에 취임했는데, 상무는 정해영(훗날 국회부의장)이 맡았다.

광복 이전 신덕균은 이미 부산과 호남 등지에 7개의 정미소를 운영할 만큼 업계에서 기반을 넓히는 한편, 백산상회 안희제를 통하여 상해 임시정부에 독립운동 자금을 지원하기도 했다. 눈치 빠른 일경이 그런 낌새를 모를 리 없었다. 1935년 사업을 시작하고부터 광복을 맞은 1945년까지 10년 동안 요시찰 인물로 지목된 그를 무려 35회나 연행, 닦달하고 고문했지만 치밀하고 의연한 그에게서 결정적 꼬투리를 잡지는 못했다.

신덕균의 사업이 한층 도약한 것은 광복 다음 해인 1946년, 지금의 눌원빌딩 자리에 있던 '청수정미소'와 그 밖에 '가등정미소', '삼본정미소' 등 규모가 큰 적산공장을 불하받아 부산정미주식회사를 설립하면서부터다.

'동방흥업' 설립, 수산업 진출

1947년 신덕균은 오늘날 (주)신동방의 모태가 된 '동방흥업주식회사'를 설립했다. 동방흥업의 주 종목은 곡물사업이지만, 저인망 선박으로 제주도와 흑산도 근해에서 조업을 시작한 것이 계기가 되어 수산업 분야에까지 사업 영역을 넓혀 나갔다.

신덕균의 여러 사업 중 가장 급속도로 발전한 것은 서울에 있는 양철공장인데, 이 공장을 시작으로 철강업계에서도 부동의 위치를 확보했다. 그 밖에 그가 창업한 주요 기업은 1957년 '고려산업', 1959년 '강동탄광', 1960년 '고려깅입', 1966년 '동방유량' 등이다.

부산상공회의소 2대·3대 회장 연임

눌원 신덕균은 그가 이룩해 놓은 사업 못지않게 화려한 공직을 지냈다. 그중에서도 부산 경제인들에게 가장 기억에 남는 것은 초창기 부산상공회의소 회장을 두 임기에 걸쳐 연임한 것이다.

1954년 상의법을 근거로 발족한 법정단체로서의 부산상의 초대 회장 이연재의 임기가 끝나고, 1957년 1월 제2대 회장을 뽑는 선거가 있었다. 먼저 의원 60명을 선출한 다음, 회장 선거는 부산시의회 회의실에서 무기명 비밀투표로 실시됐다.

회장에 입후보한 사람은 전임 회장 이연재와 부회장 신덕균 두 사람이었다. 치열한 선거전을 거쳐 투표 결과 신덕균 33표, 이연재 25표, 기타 2표로 신덕균이 당선됐다. 신임 회장의 당면 과제는 회관 건립 추진이었다. 중구 신창동에 있던 상의회관이 1950년 12월 화재로 소실된 이후 부산상의는 충무동 부산청과 건물에서 곁방살이를 하다가, 전임 회장이 사서 기증한 중국집 진송원으로 옮겼지만 협소하고 불편했다.

그래서 신창동 옛 상의 부지에 상의회관을 재건립하기로 의원총회의 결의가 있었다. 하지만 지상 3층 연건평 522평의 회관 건물을 짓기 위해서는 총 6천880만 환이라는 공사비가 있어야 가능했는데, 당시 부산상의 재정 형편으로서는 턱없이 모자랐다. 그때 신 회장이 부족한 예산 1천480만 환을 흔쾌히 내놓았던 것이다. 회관이 준공된 1957년 한 해 부산상의 회비 징수 총액이 1천330만 환에 불과했던 것을 생각하면 상당한 거금이었다.

1960년 1월 제2대 부산상의 회장 임기가 끝나자 제3대 회장 자리를 두고 전임 회장 신덕균과 해방 직후 부산상의가 임의단체이던 시절 1, 2대 회장을 지낸 김지태가 경합을 벌였다. 선례에 비추어 두 거인이 치열한 선거전을 치르게 되면 지역 상공계의 분열은 불을 보듯 뻔했다.

양측에서는 서로 합의하여 당시 자유당 경남도당 김철수(金喆壽) 위원장에게 조정권을 일임했다. 이에 따른 조정 결과 담화문이 김철수 위원장 명의로 1960년 1월 3일 부산일보에 게재되었다.

신덕균은 그간의 미결된 업무를 완결할 수 있도록 연임케 하고 김지태는 지역 원로로서 지방은행 설립과 참의원 진출을 바란다는 내용이었다.

그런 우여곡절을 거쳐 제3대 부산상의 회장에 연임되었지만, 임기 시자 1년 반 만에 일이킨 5·16군사정변으로 회상식을 이어갈 수 없었다. 박정희정부의 임시조치법에 따라 상의회장단과 의원부가 해산되어 신덕균도 회장직에서 물러날 수밖에 없었던 것이다. 그가 공인으로서 돋보인 것은 서슬 푸른 군사정변이 일어난 직후 상의가 해산되기 직전에 내각 수반 등 6~7명의 각료와 700여 명의 인사를 초청, 부산 발전 세미나를 개최하여 부산직할시 승격의 당위성과 공감대를 확산시켰다는 점이다.

신덕균은 부산상의 회장 이외에도 대한상의 부회장, 전경련 부회장, 대한수협 회장, 대한곡물협회 회장 등 많은 공직을 역임했다.

눌원(訥園)문화재단

눌원 신덕균은 기업 이윤의 사회 환원에 대해 선각자적 안목을 지니고 있었다. 이미 1950년대에 눌원문화상 제도를 실시, 부산·경남지역에서 행정·치안·교육·학술·언론 분야의 유공자를 찾아내 해마다 시상해 왔다.

1977년에는 눌원문화재단을 창설해 효행상을 시상하고 장학금과 연구비를 지급했으며, 기술·학술·문화예술 단체에 대한 지원사업도 넓혀 나갔다.

눌원 신덕균은 천수를 다할 때까지 건강했고 그의 기업가정신을 이어가는 눌원문화재단 사업은 사후에도 식지 않고 활활 타오르고 있다.

소천하던 날

1999년 1월 23일 동방유량 창업자인 신덕균 신동방그룹 명예회장(향년 90세)의 빈소가 차려진 부산 금정구 청룡동 부산영락공원에는 오전부터 각계 인사의 조문 행렬이 줄을 이었다. 장남 신명수와 사돈지간인 노태우 전 대통령을 비롯하여 안상영, 문정수, 강병중 등 수많은 인사가 조문했다.

특히 빈소를 찾은 지역 상공인들은 한결같이 "고인이 되신 신 명예회장은 경제발전에 기여했을 뿐 아니라 부산상공회의소 창립 멤버로 참여, 부산상공회의소 회장을 역임하는 등 재계의 1세대 원로로 지역경제 발전에도 크게 헌신했다"고 추모했다.

역대 부산상의 회장 가운데 당대에 일군 그 번창한 거대 기업을 자손에게 고스란히 물려주고 천수를 누리고 떠난 분은 눌원 회장이 유일하다.

그의 둘째 아들 일암(一菴) 신성수는 고려산업 대표로서 부산상공회의소 원로 상임의원으로 있다.

박선기

부산상공회의소 회장
주류업계의 거목

朴善琪

대선발효 사장

한일병합 2년 후인 1912년 박선기(朴善琪)는 부산 범일동에서 태어났다. 부산직업학교를 졸업한 그는 삼광제재소를 경영하던 친형 박경영이 1945년 광복 직후 일본인들이 남기고 간 정부 귀속재산 신세계양조장의 관리운영권을 맡게 되자, 그 사업을 돕게 되었다.

신세계양조장은 전국적 판매망을 가진 큰 회사라 규모에 걸맞게 회사 명칭도 '대선발효공업(주)'으로 바꾸고 본격적인 사세확장에 들어갈 무렵이었다.

1947년 9월 13일 밤 친형이자 사장인 박경영이 자택에서 서북청년단 단원들로부터 금품을 강요받다가 피살되는 불상사가 발생했다.

이렇게 되자 회사에 대한 관리권 쟁탈전이 벌어졌다. 그러나 공장 종업원들의 지지가 주효하여 형이 죽은 지 1년 4개월이 지난 1949년 1월 박선기에게 연고권이 인정되었고 후임 사장으로 취임할 수 있었다.

박선기가 사장으로 취임한 이듬해인 1950년 한국전쟁이 발발하자 부산이 임시수도가 되고 전쟁 특수가 겹쳐 그의 사업은 비약적으로 발전했다.

6·25전쟁 특수

부산이 임시수도가 되자 박선기의 사업은 날개를 달고 비상했다. 1951년 그는 일약 대한주정협회 회장으로 취임하여 국제주정협회에 한국 대표로 참가하는 등 업계의 거목으로 입지를 다져나갔다. 행운은 연달아 오는 것인지 수입한 당밀(糖蜜)로 엄청난 부를 쌓았다.

1953년 7월 휴전협정으로 정부가 서울로 환도하고 재벌급 기업들도 서울로 돌아가자 박선기는 명실상부한 부산 경제계의 실력자가 되었다.

그는 축재에만 성공한 기업인이 아니라 재물을 쓰는 데도 인색하지 않은 기업인이었다. 1951년 이후 부산대학교 후원회장으로 있으면서 대신동 가교사 시절부터 금정산록으로 옮길 때까지 많은 재정 지원을 했다. 김중업이 설계한 부산대 무지개 정문도 박선기가 건립비 200만 원을 부담해 세운 것이다.

박선기는 남광고아원 이사장으로서 사회사업에도 남다른 헌신을 했다.

순풍에 돛 단 듯이 승승장구 발전하던 그에게도 패배의 쓴잔을 맛본 때가 있었다.

1958년 제4대 국회의원 선거 때 그는 자유당 후보로 부산 동구에 출마했지만, 야당인 민주당 입후보자 오위영(吳緯泳)에게 패배하여 큰 충격을 받았다. 박선기는 동구가 안태(安胎) 고향이고, 미남에 늘 웃는 낯으로 대인관계도 좋을 뿐만 아니라 재력적으로도 넉넉했다. 하지만 그때는 벌써 민심이 자유당을 떠나 있었고 고지대 판잣집들이 즐비한 동구는 전통적 야당 우세지역이라 그로서도 어쩔 수가 없었던 것이다.

그는 이로써 정치와 결별을 하고 사업에만 전념했다. 한때 '다이야맥주'를 생산했으나 재미를 보지 못하자 1961년 제주도에 있는 주정 공장을 인수하여 대량생산에 성공하는 등 사업에 가속도가 붙기 시작했다.

오사카 시찰 중 51세로 타계

1961년 5·16군사정변이 일어나자 박정희정부의 임시조치법 시행으로 그해 7월 12일 눌원 신덕균이 회장으로 있던 부산상의 제3대 의원부가 해산되고 회장 선거에 들어갔다. 이때 회장에 입후보한 박선기는 압도적 지지를 받아 부산상의 제4대 회장으로 선출되었다.

그러나 호사다마라 했던가. 그는 부산상의 회장 취임 8개월 뒤인 1962년 4월, 대한상의 부회장 자격으로 일본 오사카 보세가공산업조사단원 22명을 인솔하고 현지를 시찰하던 중 급환으로 쓰러졌다. 급히 나고야국립병원에서 입원치료를 받았으나 5월 17일 51세 창창한 나이에 타계했다.

신중달
부산상공회의소 회장
석유업계 거목

慎重達

조개표석유

　부산상공회의소 회장을 지낸 인물 중에는 한일병합이 이뤄진 해인 1910년생이 많다. 우스갯소리로 말하자면 이연재, 신중달 모두 '망국년(亡國年)의 동갑내기들'이다.

1910년 12월 미래의 대기업가 신중달(愼重達)은 경남 거창읍에서 태어났다. 그는 고향에서 초등학교를 졸업하고 일본으로 건너가 중학교를 졸업한 후 귀국하여 부산에 정착하면서 석유업계에 몸을 담았다.

석유업계에서 착실히 성장한 그는 나이 40세가 되던 1949년 '조개표석유(주)'와 '동아석유'를 설립하여 사장에 취임했다.

부산지역에서 석유사업으로 탄탄한 기반을 다진 신중달은 1962년 '화양실업(주)', 다음 해인 1963년에는 '고려해운'을 설립했는데, 이 모든 기업이 일취월장 발전을 거듭했다.

이와 같이 부산에서 거물급 기업인으로 탄탄한 기반을 닦은 그는 1962년 5월 제4대 부산상의 회장으로 있던 박선기가 일본 산업계를 시찰하던 중 급환으로 사망하자 회장 보궐선거에 도전했지만, 동명목재상사의 강석진에게 패배의 쓴잔을 마셔야 했다.

YS와 선거전

설상가상으로 1963년 11월 신중달은 오랫동안 살고 있던 부산 서구에서 그야말로 자의 반 타의 반으로 당시의 집권 여당인 공화당 공천을 받아 국회의원에 입후보했지만, 야당 후보였던 김영삼에게 무참히 패배했다.

집권당의 프리미엄에다 막대한 재력을 쏟아부은 그를 패퇴시킨 YS는 훗날 정치 9단으로까지 평가받는 정치 달인이었으니, 그런 강적을 만난 것이 그의 불운이었다.

어쨌든 그 선거기간 중에 벌어진 온갖 마타도어(黑色宣傳) 작전 등 흥미진진한 뒷얘기가 심심찮게 세인들의 입에 회자되었다.

선거가 한창 막바지에 오르자 그의 선거사무실로 항의 전화가 빗발쳤다. '고무신을 주면 제대로 주고 아니면 말지, 왜 짝재기로 주느냐?', '주었다가 잘못 전달되었다며 왜 빼앗아 가느냐?', '주는 사람은 주고 안 주는 사람은 왜 안 주느냐?', '송도 방파제에서 돈봉투 나눠준다 해놓고 이 추운 한밤중에 왜 헛걸음을 시키느냐?' 등 그때만 해도 사람들이 어리숙한 시절이라 신중달 선거사무실만 해명하느라 혼쭐이 났다는 얘기가 파다했다.

신 회장이 공약한 사상공단 기공식

부산상의 회장과 국회의원 모두 좌절되자 그는 와신상담하며 2년간의 세월을 보냈다. 드디어 1964년 8월 부산상의 제5대 회장 선거가 실시되었다. 그는 또다시 상의회장 선거에 도전했고 이번엔 나 보란 듯이 압도적 지지표를 얻어 당선되었다.

  회장 출마 당시 신중달은 두 가지 역점사업을 제시하고 그 추진을 공약했다. 첫째 상의회관 이전이었다. 그동안 사용하던 신창동 회관은 너무나 협소하기 때문에, 제5육군병원으로 사용하다가 망미동으로 떠난 뒤 시청 별관으로 사용 중인 옛 미나카이(三中井) 건물을 임대받아 입주하겠다는 것이다.

  이를 위해 그랬던지 신중달은 역대 상의회장 중 시장실을 가장 자주 방문한 회장이 아닌가 싶다. 어쨌든 당시의 김대만 시장을 집요하게 설득한 결과 미나카이 건물에 상의가 입주해도 좋다는 승낙은 받았다. 그러나 실제 회관을 옮긴 것은 그의 임기가 끝난 다음 달이었다.

  또 하나 신중달의 공약사업은 사상공업단지 조성인데, 그의 임기 중인 1967년 1월 1일 부산직할시는 시무식을 겸하여 허허벌판이던 현지에서 기공식을 가졌다. 이 사상공단 조성사업이야말로 부산 상공인들의 간절한 숙원사업이었다.

  비록 당시의 어쩔 수 없는 여건상 낙동강 하상(河床)보다 낮은 저지대에, 인도와 하수구도 없는 공단이었지만 그래도 그곳이야말로 초창기 부산기업의 모태라 할 수 있다.

그 밖에도 신중달은 1965년 한일 민간어업협정 체결에 앞장섰고 박정희 대통령 참석하에 부산기업인대회를 개최하기도 했다.

그러나 그의 기업은 유조선 화재 등으로 사세가 기울고 원래 병약하던 그는 1971년 6월, 회갑의 한창나이에 타계하여 주위의 안타까움을 더했다.

강석진

부산상공회의소 회장
목재왕국의 창설

姜錫鎭

고향 떠나 무작정 부산행

동명(東明)목재 강석진(姜錫鎭)은 1907년 12월 경북 청도군 풍각면 용전리에서 강병우의 막내아들로 태어났다. 조부 때만 해도 500석지기의 넉넉한 집안이었는데 아버지가 송사에 휘말려 가산을 다 날리고 일곱 살에는 어머니를 여의었다.

외갓집과 출가한 누나 집을 전전하면서 보통학교를 간신히 졸업한 후 그의 나이 16세 때인 1922년, 아는 사람 하나 없는 부산으로 무턱대고 내려왔다.

요행히 일자리를 찾은 곳이 지금도 유명한 동구 좌천동 가구거리에 있던 일본인 가구점이었다. 그곳에서 심부름도 하고 견습공으로 숙식을 해결했다.

그는 얼마나 열심이었던지 가구점 뒤편에 마련된 작업장에서 밤늦도록 일을 하다가 대팻밥을 이불 삼아 새우잠을 잔 적도 있다고 한다.

강석진은 참으로 억척같았다. 남들이 감히 흉내 낼 수 없을 정도로 열심히 일하기도 했지만 타고난 손재주로 그의 가구 제작 기술은 하루가 다르게 숙련공의 경지에 다다랐다. 그래서 주인의 신임이 두터웠고 파격적 대우로 높은 임금을 받았던 것이다. 게다가 그는 근검절약 정신이 몸에 배어 있었다. 이와 관련해 먼 훗날 상당한 부를 쌓고서도 운전수가 사 온 군고구마로 점심을 때웠다는 거짓말 같은 일화도 전해온다.

견습공 3년 후 동명제재소 간판

혈혈단신 맨주먹 빈손으로 고향을 떠나 부산으로 내려온 지 만 3년 만인 19세 되던 해, 청년 강석진의 수중엔 400원이라는 제법 큰 돈이 저축되어 있었다. 그는 이 돈을 밑천으로 가구점에서 멀지 않은 곳에 10평 남짓한 일본인의 땅을 빌린 다음 가구점을 겸한 제재공장을 차렸다. '동명제재소'란 간판도 걸고 몇 사람의 종업원까지 채용하고서도, 그는 종업원들과 똑같이 톱질과 대패질을 하고 판자와 각목을 만들어냈다.

한 해 두 해 날이 갈수록 젊은 강석진 사장은 신용과 신의가 있고, 동명의 제품은 우수하다는 소문이 퍼져 사업이 급속도로 발전해 갔다.

창업 20년이 가까워지던 일제 말엽, 강석진은 공장을 대폭 확장하려고 부지 물색에 나섰다. 당시 부산진구 범일동에 있는 일본인 소유의 드넓은 땅이 적지라 판단하고 그 땅을 매입하고자 백방으로 노력했지만 번번이 거절당했다.

현재 범내골 로터리에서 광무교까지 동쪽 일대의 이 땅은, 좌천동 가구거리와 신선대 저목장이 가까운 곳이라 물류비용이 절감된다는 장점이 있었다. 강석진은 3년 동안 끈질기게 매달려서 기어이 매입에 성공했다.

1945년 해방 직후에야 완공한 이곳 공장은 '동명목재상사'란 새로운 간판을 달고 제재뿐 아니라 합판 생산을 위한 최신 기계 시설까지 갖춘 곳이었다.

그러나 당시 원자재인 원목은 강원도와 함경도 일대에서 벌목한 것과 일본산을 이용했었는데, 해방 후 남북 분단과 일본과의 국교 단절로 원자재 확보에 큰 차질이 생겼다.

각목이나 판자를 켜내고 남은 자투리 토막까지 이용해서 합판을 생산했지만 그것도 한계가 있었다. 설상가상 1950년 6·25전쟁이 일어나자 사태는 더욱 심각해졌다. 회사 확장·이전으로 막대한 자금이 투입된 상황에서 회사를 꾸려가자니 극심한 자금난을 겪을 수밖에 없었다.

전쟁특수로 급성장

그러던 1953년 7월 27일 판문점 휴전협정으로 3년여에 걸친 전쟁은 끝이 나고 전후복구사업이 시작되면서 제재업은 급속도로 성장했다. 특히 합판 수요가 늘어나면서 동명의 200여 종업원들은 생산라인을 총 가동해야 했다. 이를 계기로 동명목재상사는 급성장했고 대기업으로 도약할 수 있는 토대가 마련됐다.

그러나 호사다마라 했던가. 뜻밖의 화재로 공장이 거의 전소되고, 1959년 9월에는 사라호 태풍으로 큰 피해를 보기도 했다. 신선대 저목장에 있던 원목이 부산 내항으로 빠져나가 영도 바닷가의 민가를 덮치기도 하고, 멀리 경북 포항과 일본 대마도까지 떠내려가서 원목 유실의 피해가 막심했다.

파괴는 건설의 어머니라 했던가. 강석진의 기업가적 안목은 차원이 높았다. 공장과 저목장이 태풍으로 만신창이가 되자, 그는 보다 원대한 포부를 가지고 새로운 곳으로의 공장 이전을 추진했다. 그곳이 부산 남구 용당동 바닷가 작은 포구를 끼고 있는 야트막한 구릉과 야산 210만 평의 부지였다.

일단 결심이 선 강석진은 전광석화와 같이 밀어붙였다. 공사 시작 1년 만인 1960년 일부 공장건물이 준공되어 가동을 시작했다. 범일공장과 용당공장이 함께 가동된 1961년 동명합판이 미국으로 처음 수출되고, 1963년에는 범일공장의 기계설비 모두를 용당동 신공장으로 완전히 이전했다.

1964년에는 동남아에서 원목을 수입하는 한편 일본과 독일에서 첨단 기계장비를 들여와서 생산성 향상과 원가 절감에 박차를 가했다. 1969년에는 용당동 제2공장을 완공했고, 이로써 동명목재상사는 공장 건물만 해도 5만 평이 넘고, 종업원은 계열회사까지 합하여 1만 명에 이르며, 연간 생산액이 500억 원을 상회하는 기업으로 성장했다. 그야말로 합판 단일 제품으로서는 세계 최대의 공장이었다.

3년 연속 수출왕

동명합판이 미국 측의 인정을 받아 수출길이 열리자 이를 계기로 다른 나라에서도 주문이 쇄도했다. 그때 생산된 합판에는 보통합판과 특수합판이 있었다. 특수합판 중에서도 가장 인기가 높았던 것은 미장(美裝)합판이었다. 이 미장합판은 1977년부터 유럽과 미주, 중동지역에서 주문량이 많았는데, 주로 가구와 선박용재, 그리고 건물의 칸막이와 주방용품 재료 등에 사용됐다.

그 밖에 1960년대부터 생산된 프린트합판이 인기를 모았다. 합판 표면에 나무 무늬를 인쇄한 것인데, 1967년부터는 여러 색상을 한꺼번에 인쇄할 수 있는 기계가 도입되어 비로소 고급 프린트합판을 생산할 수 있게 되었다.

동명목재상사는 이제 부산의 지역기업이 아니라 전국에서도 손꼽히는 대기업으로 급부상했다. 1967년과 1968년 두 해에 걸쳐 전국 최고액 납세 기업이 되었으며, 1968년 이후 내리 3년을 전국에서 수출액 1위를 차지하여 '수출왕'이란 호칭을 받기도 했다.

강석진은 동명목재상사를 모기업으로 '동명산업', '동명개발', '동명중공업', '동명식품', '동성해운' 등 수많은 계열사를 설립하여 동명그룹을 탄생시켰다.

11년간 부산상의 회장

기업이 불같이 일어나면서 강석진은 여러 공직을 맡게 되지만 가장 대표적인 직함은 부산상공회의소 회장이었다. 그는 부산상의 역사상 임기가 11년에 이르는 최장수 회장이다.

1967년 제6대 회장에 취임한 강석진은 그해 8월 서둘러 상의 회관을 신창동 3층 건물에서 옛 부산시청 옆에 있던 미나카이(三中井) 건물로 옮겼다. 우선 전세였지만 이를 연고권으로 그 건물을 불하받게 된다.

미나카이 건물 인수작전

1935년에 건립된 대교동 옛 부산시청은 처음엔 2층, 나중에 한 층을 증축한 3층짜리 나지막한 건물이었다. 그 바로 옆에 5층짜리(그 후 7층으로 증축) 높은 빌딩이 우뚝 서 있었으니, 바로 일제시대 미나카이 백화점 건물이었다.

이 백화점 건물은 건립 후 해방이 될 때까지 약 10년간 성업을 하다가 일본인들이 물러간 후 적산(敵産)가옥으로 국고에 귀속되었다. 한국전쟁기에는 제5육군병원으로 이용되기도 하였으나 그 병원이 망미동으로 옮겨가면서 부산시가 인수하여 부산시청의 별관으로 사용하였다.

그러다 김대만 시장의 재임 기간 때인 1967년, 신중달 회장에 이어 강석진 회장의 간청으로 그 건물 4개 층을 부산상공회의소 사무실로 임대받았다. 그것이 부산상의가 훗날 이 건물을 매입하게 된 동기가 되었다.

당시 부산상공회의소는 중구 신창동에 있던 회관 건물을 부산은행에 양도한 다음 이 건물에 전세를 든 상태였고, 따로 비축해 놓은 여유자금이 있는 것도 아니었다. 그런 상황 속에서도 강석진 회장과 왕상은 부회장 등은 어떻게 해서든 부산상공회의소가 이 건물을 인수할 수 있도록 백방으로 방법을 찾고 있었다.

운전기사의 연줄

당시는 막강한 중앙집권시대라 돌파구를 서울에서 찾아야 한다고 생각하였고 시도지사의 인사권을 쥐고 있는 내무부장관을 그 적임자로 보았다.

그런데 마침 왕상은 부회장의 운전기사가 박경원 내무부장관의 군사령관 재임 시절 운전병으로 있었다는 사실을 알게 되었다.

강 회장과 왕 부회장은 그 기사를 앞장세워 어느 날 저녁 무렵 박 장관의 사저를 방문하였는데, 그날 따라 박 장관은 저녁 모임이 있어 귀가가 조금 늦었다. 술이 거나하게 취한 박 장관이 기분 좋은 상태로 집에 들어서자 그 옛날 군대 시절 수족처럼 부리던 운전기사가 "장관님!" 하면서 넙죽 절을 하니 분위기는 불문가지(不問可知)였다.

수인사를 하고 이런저런 대화를 나누던 중 서서히 강 회장의 장사 수완이 발동되기 시작했다. 우선 육군중장 출신인 박 장관의 호칭부터 '각하'로 하였다. 자유당 시절에는 장군들에게 각하라는 호칭을 붙인 선례가 있었고, 일반적으로는 대통령에게만 사용하던 호칭인 만큼 최대한 치켜세우는 극존칭을 사용한 셈이다.

"각하! 경제가 잘되려면 상공인들의 모임인 상공회의소가 튼튼해야 하는데, 우리나라 제2도시인 부산의 상공회의소가 미나카이 건물에서 곁방살이를 하고 있습니다. 이 건물을 상의에 불하하도록 각하께서 좀 도와주십시오."

박 장관은 군인 출신답게 가부가 명쾌했다. 다음 날 출근하면 그렇게 하도록 부산시장에게 바로 지시하겠다는 확답을 받아낸 것이다.

그리하여 이 건물을 부산상의에 매각하라는 내무부장관의 지시가 떨어졌고, 김대만 부산시장도 재무국장을 불러 그렇게 당부했다. 다만 상의의 재정 능력이 뒷받침되지 못하는 상황인지라, 실무 부서인 이재과로서는 골머리를 앓을 수밖에 없었다.

4천600만 원 매입, 42억 원에 매각

토지대장 가격에 의한 수의계약을 하려 해도 당시 상의 재정 능력으로는 태부족이라 하는 수 없이 부지를 분필(分筆)하여 떼어내고, 건물 부지 350평과 연건평 1천600평만으로 계산한 4천600만 원에 매입했다.

이렇게 인수한 미나카이 건물을 20년간 상의회관으로 활용하다가 1989년 (주)롯데에 매각하고 범내골에 있는 지금의 상의 건물로 옮겨왔다. 건물 매각 시 당초 매입 금액의 90배가 넘는 42억 원을 받아, 범내골 상의 건물 신축기금의 상당 부분을 마련할 수 있었다.

호화 묘역 구설수

1980년 6월 강석진이 60년 공들여 쌓아 올린 동명탑이 무너져내렸다. 1979년 10월 박정희 대통령이 시해되고 12·12사태로 정권을 잡은 신군부가 부산이 낳은 전설적 기업인 강석진을 반사회적 악덕 기업인으로 몰아붙인 것이다.

왜 그렇게 되었을까? 그때 부산 사회에서는 석연치 않게 생각하는 사람들도 있고 말들이 많았다. 거슬러 생각해보면 강석진과 정치 권력과의 괴리현상은 이미 신군부 출범 훨씬 이전부터 잉태되고 있었는지도 모를 일이다.

첫째가 묘지문제다. 강석진은 사업이 번창하면서 가난했던 시절 경북 청도군 풍각면 고향마을 공동묘지에 초라하게 묻힌 부모님의 묘소가 마음에 걸렸던 모양이다. 그래서 1970년대에 들어 부산 남구 용당동 산 507번지 동명불원 위쪽 비룡산 중턱에 장차 부모님의 유해를 이장해 올 요량으로 묘역을 조성했다.

하필 그 무렵 '가정의례준칙'과 '가정의례에 관한 법률'이 제정되었다. 특히 지도층의 호화 결혼식과 호화 장례 풍조에 대한 준엄한 철퇴가 가해지고 있었는데, 이때 강석진의 묘역이 도마에 오른 것이다.

1973년 보건사회부는 그 실상을 조사·보고하라고 부산시에 지시했다. 당시 부산시 위생과 담당 계장이 현장에 가서 동명목재 황석출 총무부장(훗날 총무이사) 입회하에 현장 실측과 사진 촬영을 통해 면밀히 조사하여 보고서를 올렸다.

그때 강석진의 부모님 유해를 옮겨 모실 분묘는 가봉분만 조성되어 있었을 뿐 아직은 이장되지도 않은 상태였다. 향후 이장할 때는 좌판석을 밀쳐내고 관을 밀어 넣은 후 좌판을 다시 원위치하여 고정토록 되어 있는 상태였으니, 엄밀히 말해서 묘지라고 할 수도 없었다. 즐비한 석물과 묘역 아래 조성 중인 동명불원을 묘역의 부속 사찰로 생각하면 몰라도 봉분도 그리 크지 않았다.

보사부에서도 박 대통령에게 항간의 여론과 강석진의 사설묘역은 실상이 다르다고 보고했고, 강석진도 박 대통령을 직접 만나 묘지 조성 경위를 설명, 이해가 된 것으로 알려졌다. 하지만 결국 묘역에 있던 석물을 자진 철거했고 1976년 8월 동명불원을 부산시에 기증함으로써 이 문제는 일단 봉합되었다.

그러나 동명불원을 기증한 지 3년이 지난 1979년 박 대통령이 시해되고 신군부가 들어서자, 1980년 1월 강석진은 동명불원이 강탈된 것이라며 국보위에 반환 요청 탄원서를 제출했다.

5공 때 동명목재 문 닫아

강석진은 그의 나이 73세 되던 1979년 봄, 경영권을 장남인 강정남에게 인계했다. 그러나 그해 말 은행 융자가 되지 않아 인도네시아와의 합작계획이 차질을 빚는 등 경영이 어려워졌다. 이에 1년 후 다시 강석진 회장이 복귀했지만 금융 지원 중단이 계속 풀리지 않아 그해 5월 조업을 중단했다.

6월 17일에는 신군부 국보위에서 강석진을 부정축재와 반사회적 악덕 기업인으로 몰아붙이고 공장을 강제 해체하는 한편, 그를 구속했다. 그 후 전 재산 기증각서를 쓰고 구속에서는 풀려났지만 그의 생명과도 같은 동명목재상사는 문을 닫았다.

동명불원서 4년 기거, 78세 타계

　일찍이 강석진은 부모님 유해를 모실 용당동 묘역 아래 동명불원이라는 절을 지었다. 통일신라 때 재상을 지낸 김대성이 현세의 부모님을 위해 불국사를 짓고 전생의 부모님을 위해 석굴암을 지었다는 고사를 본뜬 것일까?

　1977년 5월에 개원한 이 불원에는 기록적 시설물들이 많다. 대웅전 안에 있는 석가세존불의 높이는 16미터로, 개원 당시로서는 우리나라 좌불 중 제일 높은 불상이라고 한다.

　뿐만 아니라 법구사물 중 하나인 동명불종의 무게는 27톤으로, 경주 불국사의 에밀레종보다 8톤이나 더 무겁다. 무려 4년간의 제작공정을 거친 이 종의 외양은 에밀레종과 상원사 종의 두 비천상을 비교해서 장점만을 뽑아 만든 것이라 한다. 그리고 종을 매단 들보에는 관세음보살 육자대명왕진언(六字大明王眞言)인 '옴마니반메훔'이란 범자(梵字)가 새겨져 있다.

　동명목재가 무너진 이후 강석진이 악몽 같은 4년 세월을 이 절에서 보내다가 1984년 10월 78세로 타계했으니, 동명불원은 동명목재상사와 더불어 그의 꿈과 한이 서린 곳이라 할 것이다. 부산의 자랑스러운 기업인의 말년이 생각할수록 가슴 아프다.

양정모
부산상공회의소 회장
신발왕

梁正模

아버지 양태진의 시대

1970년대에서 1980년대 중반까지 우리나라 신발업계의 제왕이라 해도 과언이 아니었던 양정모(梁正模)를 얘기하자면, 그의 아버지 성봉(聖峰) 양태진(梁泰振)을 거론하지 않을 수 없다.

양태진은 1901년 6월 20일 지금의 부산시 동래구 안락동에서 태어났다. 그는 동래공립보통학교에 재학 중이던 11세 때 아버지를 여의고 가세가 기울자 학교를 중퇴했다. 그 후 어머니를 따라 보따리 행상에 나섰고 모자가 푼푼이 모은 돈으로 쌀가게를 차려 2남 1녀를 두고 단란하게 살았다. 그러다 그의 나이 32세, 큰아들 정모의 나이 12세 때 아내와 사별을 했다.

이를 악물고 쌀가게에 매달린 양태진은 장사운이 좋았던지 만주사변, 중일전쟁 등 전쟁특수로 상당히 큰돈을 모았다. 그는 1938년 일본인 4명과 공동으로 지금의 부산진시장 북쪽의 땅 1천 160평을 매입하여 '만류일흥업(滿留一興業) 주식회사'라는 큰 정미소를 설립했다. 양태진의 주식은 32%였고 나머지는 일본인 4명의 지분이었다. 그가 일본인들과 동업한 것은 식량에 대한 통제가 있을 때 그들을 방패막이로 관의 간섭을 덜 받고 수월하게 물량공급을 받을 수 있지 않을까 하는 속셈에서였다.

1945년 광복이 되고 일본인들이 물러가자 양태진은 그 정미소에 대한 연고권이 인정되어 귀속재산 처리 절차에 따라 나머지 주식도 인수받았다. 그러고도 그의 수중에는 10만 원이라는 거금이 쥐어져 있었다. 그때의 화폐 가치로 환산하면 1만 원은 곡식 100석에 버금갔으니, 10만 원이라면 천석꾼의 큰 부자나 다름없었다.

그는 그 돈으로 친구 몇 사람과 함께 '조선목재주식회사'를 설립하여 취체역 사장에 취임했다. 그런데 호사다마라 했던가. 1953년 9월 22일 정미소에 큰불이 났다. 때마침 도정 위탁을 받아 쌓아 둔 정부미 수만 가마니가 소실되었는데, 배상문제를 두고 법정소송 끝에 패소하여 물어주자니 큰 피해를 보았다.

양태진은 정미소가 불탄 빈터를 기반으로 새로 할 사업이 없을까 골똘히 생각하다가 아들 정모에게 제면업이나 제분업 분야가 어떤지 좀 더 소상히 알아보라고 했다. 그러나 양정모의 생각은 처음부터 신발공장 쪽에 있었으니, 이 문제를 두고 부자간에 갈등이 심했다.

부산공고 수석 졸업

1921년 9월 13일에 태어난 양정모는 동래보통학교 5학년이 되던 열두 살 때 어머니를 여의었지만 씩씩하게 자랐다. 아버지 양태진은 장사를 하면서 장부 정리를 못 할 정도로 못 배운 게 한이 되어 그랬던지 보통학교를 졸업한 아들에게 상업학교 진학을 권유했지만, 소년 양정모는 한사코 기술을 배우겠다며 공업학교를 고집했다.

고집 센 아버지의 뜻을 거스르고 부산공립공업학교에 들어간 그는 육상, 테니스, 수영 등 운동을 좋아하면서도 일본인 학생 50명, 한국인 학생 10명 등 동급생 60명 중에서 수석을 차지할 정도로 학업성적 또한 좋았다.

민족적 자존심도 강했던지 어느 날 일본인 학생들이 센징(鮮人) 어쩌고 멸시하는 말을 하자, 그들 면상에 주먹세례를 가해서 3일간 정학 처분을 당하기도 했다.

광복 후 장사로 거금 모아

공고를 졸업한 양정모는 대학 진학을 포기하고 당시 정미소를 운영하던 아버지 일을 돕다가 식량영단(營團) 경남지부에 취직했다. 그가 식량영단에 근무하던 1945년 광복을 맞자 부업 삼아 장사를 시작했다. 당시에는 일제강점기 창고에 쌓여있던 광목, 신발, 설탕 같은 생필품들이 시장으로 마구 쏟아져 나왔다. 청년 양정모는 그간 저축해둔 돈으로 그것을 사서 소매상에 넘겨 팔았다. 그렇게 해서 번 돈이 2만 5천 원, 그 무렵 식량영단에서 받은 월급이 고작 75원이었으니 상당한 거금이었다. 양정모는 그때 장사의 묘미를 터득했다. 한편, 광복 직후 우리나라로 귀국하는 귀환 동포와 일본으로 쫓겨가는 일본인들이 조선 은행권과 일본 은행권을 환전하느라 야단법석이었다. 청년 양정모는 그 틈바구니에 끼어들어 환전을 해주고 받은 리베이트로 또 한 번 적잖은 돈을 벌기도 했다.

부친에게 뺨 맞아가며 고무신 고집

그 후 부친의 정미소와 조선목재의 일을 잠시 거들다가 독자적 사업을 해야겠다는 결심을 하게 된다. 아버지도 적수공권(赤手空拳)으로 일어섰는데, 나라고 못 할 것이냐는 생각이었다. 공고 출신인 그는 제조업 쪽으로 관심을 가지고 합동고무, 신흥고무 등 신발공장과 신발도매상들을 살펴보고 다녔다.

그 무렵 부친 양태진은 범일동 정미소에 큰불이 나서 잿더미가 되자, 그곳에 제면업이나 제분업 같은 것을 해보면 어떨까 하고 아들 정모에게 그 분야를 좀 더 소상히 알아보라 했다.
양정모는 이때다 싶어 제면·제분업보다는 화학공업이 유망할 것이라 대답을 했다.

"화학공업이 뭐 하는 기고?"

"고무공업 말씀입니다. 고무신이나 운동화 같은 신발 만드는 것도 화학공업이라예."

"니 통도 크다. 우리가 아는 기 있나, 자본이 있나. 그거 아무나 하는 거 아이다."

"우선 기계 한두 대 차려놓고 기술자 구해서 시작하마 되는 기라예."

"집어 치아라! 나는 무식해서 화학이니 뭐니 그런 거 모르겠다."

그러나 아들도 아버지를 닮아 고집이 셌다. 어느 일요일 아침밥을 먹으면서 또다시 신발 얘기를 끄집어냈다. 그러자 아버지는 수저를 내동댕이치고는 "니가 뭐 안다고 고무신 공장에 미쳤노!" 하면서 우람한 손바닥으로 뺨을 후려갈겼다.

그는 얼마 후 아들을 다시 불렀다.

"나는 반대다. 자본도 줄 수 없고 정 하고 싶으면 독력으로 해 보든지."

"아버님, 감사합니다. 정미소 한 귀퉁이에 공장 지을 땅만 좀 빌려주이소. 자금은 제가 저축한 돈으로 해 보겠습니다."

28세 때 국제고무공업사 창업

어렵사리 부친의 승낙을 받은 양정모는 범일동 정미소의 북쪽 귀퉁이 불탄 자리에 목조건물을 짓기 시작했다. 양정모와 그의 육촌 동생 형모는 작업 인부들이 귀가한 뒤에도 한밤중까지 공장 짓는 일에 매달렸다.

그러던 어느 날 새벽, 정을 쥔 형모의 손을 양정모가 해머로 잘못 내리쳐서 엄지손가락이 짓이겨지는 사고를 당하기도 했다. 그렇게 철야 작업을 하다시피 해서 1947년 12월 엉성하게나마 150평 정도의 목조건물이 지어졌고 50명의 공원도 확보했다. 배합기사와 기능공들에게서 재생고무로 만들어낸 남녀 검정 고무신 두 켤레를 받아든 양정모는 형모와 함께 곧장 아버지 양태진에게 달려갔다.

"그기 뭐꼬?"

"우리 공장에서 만든 고무신이라예."

고무신을 받아든 아버지는 대견한 듯 말했다.

"거 참 희안하데이. 하지마는 파는 기 더 문제인기라."

"장사꾼들이 물건 나오도록 벌써부터 기다리고 있습니다. 없어서 못팔아예."

"그라마 상호도 지어야제?"

"국제고무공업사로 할라캅니더."

"뭐라 국제라? 느그들 너무 건방진 거 아이가?"

양정모가 '국제고무공업사'란 상호를 내걸고 본격적으로 영업을 시작한 것은 1948년 4월, 그의 나이 28세 때부터다. 처음에는 하루 생산량이 600켤레였는데 도저히 팔 수 없을 정도의 불량품이 30켤레나 되었다. 그때 부산 시내에는 신발공장이 우후죽순처럼 생겨나서 무려 71개소나 되었고, 하루 3만 켤레 이상을 생산하는 업체만 해도 삼화, 보생, 신라, 동양고무 등 14개 업체나 되었다.

이런 틈바구니에서 양정모는 "면장도 알아야 할 수 있다"는 속담을 뇌리에 되새겼다. 작업복을 입고 배합기사 옆에 그림자처럼 붙어 앉아, 신골 맞추기에서부터 마지막 손질까지 직접 해보지 않은 것이 없을 정도로 작업장에서 살다시피 했다. 성실과 신용을 바탕으로 한 그의 회사는 위치도 부산진시장 옆이라 좋았다. 그렇게 그의 왕자표 신발은 차츰 판로를 넓혀 나갔다.

부친 옛날 반대 잊고 자금 지원

그 무렵 아버지 양태진은 정미소나 목재업에 흥미를 잃고 새로운 사업을 모색하고 있었으나 마땅한 사업이 눈에 띄지 않아 애를 태우고 있었다. 그런데 자신이 그렇게도 반대했던 아들의 신발공장이 제법 활기 있게 돌아가자 넉넉한 재력으로 한번 밀어주면 어떨까 하는 생각을 하기도 했다.

때마침 설날 세배 차 찾아온 아들에게 "지난 1년간 결산해보이 어떻노?" 물었다.

"몇십 만 원쯤 이익을 올렸습니다."

"좀 더 시설을 넓히고 외상도 깔고 하자면 자본이 넉넉해야 할 낀데?"

아들은 아버지의 말과 표정에서 속마음을 읽었다.

"아버님이 자본금을 좀 도와주시면 한번 크게 해보고 싶습니더."

"그건 그럴끼다마는 좀 생각해보자."

아들이 돌아간 뒤 양태진은 골똘히 생각에 잠겼다. 그래도 아직은 풋내기인데 아들을 믿고 큰 자본을 대줬다가 아차 실수하면 부자가 한 구덩이에서 같이 망할 수도 있지 않을까? 그럴 바에야 온갖 풍상 다 겪은 자신이 직접 참여하는 것이 옳을 것도 같았다.

지난날 반대했던 것이 좀 쑥스럽긴 해도 양태진은 그런 작은 것에 구애받지 않았다. 일단 그것이 옳다고 판단한 그는 저돌적으로 밀어붙였다. 드디어 1949년 12월, 국제고무공업사의 간판을 '국제화학주식회사'로 바꿔 달고 새 출발을 했다.

국제화학 대화재

새로 출범한 국제화학은 양태진이 사장에 앉고 양정모는 상임감사를 잠깐 거쳐 상무이사로 취임했다.

이들 부자의 첫 과제는 업계에서 단연 뛰어난 배합기사를 확보하는 일이었다. 월급은 사장보다 더 많이 줘도 좋다고 생각했다. 전국적으로 수소문한 끝에 경성고무 군산공장의 공장장으로 있던 박명진이란 사람을 소개받았다.

그는 평양 정창고무 배합기사 출신인데, 그 분야에서는 단연 군계일학 같은 존재였다. 그를 국제화학으로 스카우트하기까지 그야말로 유비가 제갈량을 모셔 오듯 삼고초려의 정성을 다하였다. 이는 결과적으로 왕자표 신발을 정상으로 끌어올린 밑거름이 됐다.

1950년 한국전쟁이 일어나자 국제화학은 군수공장으로 지정되어 시설 확장이 필요했다. 그래서 1951년 4월 당초 자본금의 10배나 되는 1억 원으로 대폭 증자했다.

1953년 7월 휴전협정 때까지 호황을 누리던 신발업계는 업체 간 과당경쟁으로 심각한 불황기에 접어들었다. 설상가상으로 1960년 3월 2일 국제상사 대화재가 일어나 사망자 66명, 부상자 50명, 재산손실 2억 원이라는 엄청난 피해가 발생했다.

그러나 양태진 사장과 양정모 전무는 이런 난국을 대폭 증자라는 묘수로 풀어나갔다. 오히려 미식 농구화의 대량수출에 대비해 1962년 최신 기계시설을 갖춘 진양화학을 설립하기까지 했다. 그때의 진양화학은 그룹 본사인 국제화학보다 모든 면에서 앞서 있었다.

진양화학 분리

1967년 어느 날, 양태진이 진양화학을 양정모의 이복동생인 양규모에게 주려는 뜻을 은근히 내비쳤다. 양정모는 불만이 컸지만, 한마디 토를 달지 않고 받아들였다.

1968년 3월 양사 재산분할 중역회의를 통해 고정자산은 현존

대로 분할하고 운전자본은 통틀어 반분키로 했다. 그 당시 고정자산은 진양화학이 10억 원 정도였고 국제화학은 3억 원 정도였다고 한다.

국제와 진양이 분리된 직후 아버지 양태진이 회장으로 승격되면서 진양화학 경영에 전념했고, 국제화학은 그때부터 본격적인 양정모 시대가 개막했다.

사상공장 건설

국제화학 사장에 취임한 양정모는 두 갈래 길을 두고 고심했다. 하나는 범일동에 있던 국제화학의 낙후된 시설을 교체하는 것이고, 다른 하나는 사활을 걸고 진양을 능가하는 새로운 공장을 짓는 것이었다. 양정모는 결연히 후자를 택했다. 그는 사상공단에 있는 신라고무공업사의 부지 6만 9천 평을 매입, 대규모 공장 건설에 착수하는 한편 일본에서 최신 기계를 도입했다. 자금은 심지어 사채까지 끌어다 사용했다.

드디어 1969년 봄 사상공장의 거함이 출항하는 진수식을 가졌으나 그해 수출 실적은 전년도의 절반 수준밖에 되지 않았다.

시중에서는 '양정모가 진양화학을 내놓게 되자 오기로 이성을 잃은 것 같다', '국제화학이 경영부실에 빠져 기능공들이 동요하고 특약점들도 등을 돌리기 시작했다'는 등 국제화학에 대한 온갖 악의적 루머가 나돌았다.

신발업계는 물론 금융계와 사채시장에까지 위기설이 퍼지자 일부 사채업자들은 상환 기간이 남았는데도 원금이나마 받아내겠다며 몰려들었다. 기업인에게 제일 무서운 게 채귀(債鬼)라더니, 그때 국제화학이 처한 상황이 마치 그와 같았다.

사상공장, 전국 신발 20% 차지

절체절명의 위기에 처한 양정모는 임직원들을 모아 놓고 다짐을 했다. "오늘의 문제가 자금이라면 내일의 문제는 기술이요, 신제품 개발이다. 오늘의 자금문제는 무슨 수를 쓰던 내가 책임을 진다. 여러분은 내일을 위해 기술과 신제품 개발에 매진해 달라!"

보증수표란 별명이 붙어있는 양정모의 그 말 한마디에 직원들은 용기백배했다. 그때부터 "돌격!"이란 구호가 사내 곳곳에 나붙었다. 직원들의 눈빛이 달라지고 마치 전쟁터를 방불케 했다.

드디어 1970년 12월 한 해의 결산보고가 진행됐다. 그때 영업

실적 그래프에 내수 판매액과 수출 판매액을 나타내는 두 화살표가 그려져 있었는데, 유독 수출표시 화살표만이 공중으로 쏘아 올린 화살처럼 급상승 곡선을 나타냈다. 전년에 비하여 수출이 무려 4배로 증가한 것이다.

사상공장 건설 효과는 해를 거듭할수록 더더욱 두드러지게 나타났다. 1972년 한 해 동안 국제화학은 전국 신발 생산량의 20%를 차지했다.

1974년 11월 당시로서는 꿈만 같은 수출 5천만 불을 돌파하여 박정희 대통령에게 수출유공 금탑산업훈장을 받기도 했다. 그 후에도 수출액은 76년부터 79년까지 매년 2억, 3억, 4억, 5억 달러로 급신장했다. 그때마다 2억 불 수출탑에서부터 5억 불 수출탑을 받았으니, 당시 국제화학이나 양정모의 위상이 어떠했을지 짐작하고도 남음이 있다.

계열사 20여 개

한편 계열사도 확대일로였다. 71년 성창섬유, 72년 동아금속·국제상선, 74년 보국증권, 75년 동해투자금융·삼양펄프, 76년 풍국화학과 조광무역 인수 등 계열사는 20여 개로 늘어났다. 그리고 국제화학은 국제상사로 상호를 바꿨다.

　1977년 국제그룹은 연합철강과 그 계열사인 연합물산, 연합개발, 연합통운을 인수했다. 권철현이 창업한 연합철강은 1972년 전국 수출 실적 1위, 1974년 제조업체로서는 최초로 수출 1억 불을 달성한 내실 있는 거대 기업이었다.

여공들에게 배움의 길

　연합철강을 인수한 그해 양정모는 무역진흥확대회의 석상에서 산업체특별학급 모범 업체 대통령 표창기를 수여받았다. 산업체특별학급은 근로청소년들에게 배움의 길을 열어주기 위해 새마을운동의 일환으로 추진한 것이다.

　국제상사에서는 구포여상을 지정학교로 하여 여직공 가운데서 신입생을 선발했는데 77학년도 300명, 78학년도 330명, 79학년도 360명을 입학시켜 한때는 990명의 학생들이 회사에서 제공하는 버스를 타고 통학을 했다.
　뿐만 아니라 그들에게 부과되는 교육비 전액을 회사가 부담하고 간식과 기숙사까지 제공했다.

세계 최대의 신발공장

1977년 국제상사는 창업 30주년을 맞이했다. 왕자표 신발은 자타가 공인하는 업계의 왕자가 되었고 이제 국제상사는 단일 신발 생산공장으로서는 세계 최대의 신발공장이 된 것이다.

국제상사가 걸어온 길을 시대별로 특징지어 대별해 보면 50년대는 고무공업의 시대, 60년대는 화학공업의 시대, 70년대는 상사의 시대, 80년대는 그룹의 시대라 할 수 있다.

창업 30주년을 넘어 80년대로 접어든 국제는 신발산업뿐 아니라 철강, 방적, 섬유, 기계, 타이어, 전자, 제지, 해운, 육운, 건설, 관광, 금융, 그리고 플랜트에 이르기까지 종합 그룹으로 우뚝 섰다.

무너진 왕국의 비화

1960년대부터 80년대 중반까지 우리나라 경제 발전에 큰 기여를 한 국제상사는 그러나 1985년 그룹 해체라는 비운을 맞았다. 부산 경제계의 양대 산맥이라 할 수 있는 동명목재가 불과 5년 전인 1980년 온갖 뒷얘기를 남기고 문을 닫은 데 이어 국제그룹마저 해체되니, 그 원인을 두고 말들이 많았다.

부산상의 회장

 끝으로 부산상의 회장으로서의 양정모를 언급하지 않을 수 없다. 오랫동안 부산상의 회장직을 맡고 있던 강석진이 그 자리를 떠나자 후임 상의회장은 당연한 수순처럼 양정모가 그 뒤를 이었다. 그는 1976년 6월 제9대 부산상의 회장으로 취임한 이래 1985년까지 9년 동안 3대에 걸쳐 연임했다. 부산상의 회장에 취임하여 영도 동삼동에 새마을연수원을 건립하고 도시가스(주)와 항도투자금융(주)을 설립하는 등 많은 사업을 펼쳤다.

 1980년 5월 동명목재 구제책을 관계 요로에 건의했던 그가 3년 뒤 스스로 그 지경에 이를 줄이야 짐작도 못 한 일이다. 세상사 참으로 허망하다. 수만 명 근로자의 일터였던 괴법동 회사 터에는 잡다한 업무시설들이 들어서서 그 옛날 국제타운의 옛 모습은 흔적조차 찾을 길 없다.

강병중
부산상공회의소 회장
넥센그룹

姜閜中

타이어 왕국

언제부터인가 타이어 업계의 바이어들이 넥센타이어 강병중 회장에게 '타이어강'이란 닉네임을 붙여주었다. 타이어 한 우물을 파서 세계적 기업인으로 우뚝 선 그에게 가장 잘 어울리는 애

칭이다. 이제 그의 기업은 국경을 넘어 중국과 유럽으로 진출해 있고 그가 만든 타이어는 온 세계를 누비고 있다.

적수공권(赤手空拳)에서 출발하여 당대에 세계적 타이어왕국을 일구어낸 기적 같은 생애를 살았지만 강병중의 젊은 날은 파란만장했다.

고난의 시절

강병중은 1939년 7월 25일 마산시 성호동에서 태어났다. 그의 고향인 진양군 이반성면 길성리에 500석지기 본가가 있었지만 아버지가 마산에 별장 같은 큰 집을 지어놓고 곡물상을 하고 있었기 때문에, 그는 그곳에서 태어난 것이다.

유복한 집에서 태어난 그에게 느닷없는 고난이 닥친 것은 그가 세 살 때 어머니를 여읜 것이다.

어린 그는 고향마을 길성리에 계신 외할머니의 손에서 자랐다. 엎친 데 덮친 격으로 열두 살 되던 1950년 전쟁이 터지고 순식간에 인민군이 들이닥쳐 피난할 겨를도 없이 그들의 치하에 들어갔다.

밤에는 인민군이 닦달하고 낮에는 미군기가 폭격을 하고, 그야말로 생지옥 같은 세월이었다.

불행은 연거푸 들이닥쳤다. 농지개혁으로 그 많던 전답이 하루아침에 소작인들에게 넘어가고 중학교 2학년때에는 아버님마저 돌아가셨다. 천지가 아득했지만 강병중은 이를 악물고 마산고등학교를 근근이 졸업했다.

대학 진학은 엄두도 못 내고 공군에 입대한 그는 36개월간 복무 후 제대를 하고도 배움에 대한 열망을 포기할 수 없었다. 고민하고 있을 때 공장에 다니던 형수가 한 푼 두 푼 모아둔 돈을 몽땅 털어주어 동아대 법대에 입학은 하였지만 학업을 계속할 형편은 못 되었다. 1학년을 겨우 마친 그는 학비 마련을 위해 학업을 중단해야 했다.

저돌적 기질

강병중이 사회에 첫 발을 내디딘 것은 친척이 운영하는 '중앙운수'라는 화물트럭 회사에서 아르바이트를 시작하면서이다. 명색이 대학생에게 사환 일을 시켰다. 사고를 수습하고 시청에 서류를 전달하는 등의 일이었는데, 월급도 너무 적어 1년 가까이 다니다 그만두었다.

그리고 찾아간 곳은 동아대학교 바로 밑 동대신동에 있던 부산교도소였다. 교도소 서무과는 담장 밖에 있어 찾아가기가 쉬웠다. 서무과장에게 염치 불구하고 공부를 계속할 수 있게 취직을 시켜달라고 부탁했는데 몇 마디 해보지도 못하고 쫓겨나고 말았다. 며칠 후 또 찾아갔다. 쫓겨나면 또 찾아가고 또 찾아갔다.

그렇게 네 번째 찾아간 날, 서무과장이 그에게 앉으라 하고는 이런 저런 신상 상담을 하더니 각종 물품을 구매하는 용도 담당 보조업무를 맡아보라 했다. 지성이면 감천이라는 말이 딱 맞아 떨어졌다.

될성부른 나무는 떡잎부터 알아본다고, 강병중의 집념과 도전정신은 그 일 하나로 이미 예견된 것이었다. 그는 그때 김형배 서무과장을 평생의 은인으로 생각하고 있다. 그리고 교도소 일을 하면서 평생 나쁜 짓을 하지 않고 법을 지키며 살아야겠다는 생각을 하게 되었다.

김형배 과장은 강병중의 성실성을 보고 1년 후 그에게 경리과 일을 맡겼다. 그렇게 2년 동안 열심히 돈을 모은 다음 동아대학교 야간부에 다시 입학해 약 6년 만에 졸업을 할 수 있었다.

평생의 반려자

그 무렵 그의 고향 길성리 마을에는 일본에서 살다 나온 김양자라는 예쁜 처녀가 있었다. 강병중 청년이 그간 보아 온 당시의 농촌 아가씨들은 거의 모두가 긴 댕기머리에 검정 치마, 흰 저고리 차림이었는데, 예쁜 신식 아가씨가 갑자기 나타났으니 그의 마음이 얼마나 설레었을까?

그녀는 아버지가 정미소를 운영할 정도로 부유한 집안 출신이었고, 얼마 후부터는 이반성중학교 교사로 재직하게 되었다.

두 사람의 마음을 눈치라도 챈 것일까? 절친한 친구 사이였던 두 집 할머니들이 "병중이 하고 양자, 신랑 각시 맺어주자! 그리고 우리는 사돈하자!" 하고 혼사를 추진하기 시작했다.

그렇게 시작된 것이 백년해로의 결실을 맺게 되었고, 두 사람은 부부 공무원으로 일하며 비록 박봉이지만 단란한 신혼시절을 보냈다.

옥정운수

26세 되던 1965년 강병중은 사업을 시작했다. 일본 중고 덤프트럭 수입이 그의 첫 사업이었다.

5·16군사정변 이후 경제개발이 본격적으로 이뤄지고 있었으나 여기에 꼭 필요한 덤프트럭은 국내 기술로는 생산을 못 하고 있었다. 수입한 일제 중고 트럭은 부두에 내려놓기가 바쁘게 팔려나갔다. 한 대를 팔면 30만~50만 원이나 남을 정도로 큰 이익이 생겼다. 당시 부산 시내에 있는 웬만한 단독주택 한 채 값이 100만 원이었다.

트럭 수입 사업으로 돈을 모은 뒤에는 그것을 종잣돈으로 삼아 새로운 사업을 모색하다가 덤프트럭 운수회사를 시작했다. 흔히 말하는 지입운수회사였다. 그렇게 해서 만든 첫 운수회사가 옥정산업(주)이었고, 운수사업은 날로 번창했다. 두 번째로 옥정운수(주)가 만들어지고, 그 후에도 계속 운수회사를 만들어나갔다.

그다음에 시작한 사업이 용달차 운수회사였다.
60년대 이전까지만 해도 부산역 주변에는 손님들의 짐을 져다 주는 지게꾼들이 있었는데, 그 후 리어카가 그 일을 대신했다. 용달차는 요즘 이삿짐센터에서 운영하는 대형 이삿짐 운반 차량의 전신으로, 당시 일본에서 유행하던 소형 짐차였다.

거기에 착안한 강병중 청년은 용달차 사업을 하기로 결심했다. 당돌하다 싶을 정도로 당찼던 그는 당시 박영수 부산시장을 찾아가는 등 다방면으로 노력해서 '옥정용달'이라는 지입제 용달차 회사를 설립, 약 600대의 용달차를 지입했다.

이렇게 키운 덤프트럭과 용달차 운수회사에 지입된 차량은 모두 850대나 됐다. 비교적 짧은 기간에 제법 거금의 자본금을 손에 쥐게 된 그에게 운명의 신은 또 한 번 도약의 길을 열어주었다.

흥아타이어

1952년 부산상의 회장을 지낸 전설적 기업인 이연재의 잘 나가던 기업 미진상사가 그 유명한 중석불(重石弗) 사건에 연루되어 당시 돈 100억 원의 손실을 보고 좌초되었다. 이어 단 하나 남아있던 흥아타이어마저 1962년 관리권이 산업은행에 넘어간 상태로, 사세가 기울어가고 있는 상황이었다.

그 흥아타이어(재생타이어)를 인수해 운영하던 윤두상은 사정이 여의치 않자 단골 고객이며 같은 통일주체국민회의 대의원이던 강병중에게 인수를 제의했는데, 며칠간 고민하던 그는 결국 윤두상의 제의를 받아들이게 되었다.

그것이 강 회장과 타이어와의 운명적 만남이다.

한국 자동차산업의 발달은 타이어산업 발달로 이어져 한때 김해에 있던 홍아타이어 공장은 튜브 타이어 업계의 세계시장 점유율 40%를 차지할 정도였다.

그후 튜브 타이어가 사양길로 접어들자, 비거리가 많이 나오는 '빅야드'라는 골프공을 생산하기도 했다.

우성타이어 인수

1996년, 운명의 신은 또 한 번 그의 앞길을 활짝 열어주었다.

전대미문의 IMF사태와 노조 파업으로 시달리던 거대 기업 '우성타이어'가 무너지면서 국제 입찰에 부쳐지자, 이규상 홍아타이어 사장이 강 회장에게 우성타이어 인수를 건의한 것이다.

절묘하게도 강 회장은 IMF 직전인 1995년 (주)제일투자신탁을 재벌기업인 CJ그룹에 매각한 직후라 어느 정도 여유 자금이 있었고, 홍아타이어 이규상 사장은 기업 인수합병의 국제적 전문가였다.

우성타이어를 인수할 때만 해도 기업의 적자운영이 적어도 3~4년은 갈 줄 알았는데, 강 회장의 뛰어난 경영 때문인지 아니면 타고난 재운인지, 인수 다음 해에 곧장 흑자로 전환되었다. 강 회장은 그때부터 탄탄대로를 질주하게 되었다.

넥센타이어

우성타이어 인수 1년 후 회사명을 (주)넥센으로 바꾸었다. 그후 야구팀을 창단하여 넥센이란 이름이 일반 대중에게 널리 알려지면서부터, 넥센타이어는 재고품이 없을 정도로 불티나게 팔려나갔다.

2019년 한 해 동안의 성과만 살펴보아도 금호타이어를 제치고 생산량 국내 2위 업체가 됐고, 체코 공장을 준공해 본격적으로 유럽시장 공략에 나섰다. 세계 각지의 연구개발(R&D)센터를 컨트롤하는 중앙연구소를 서울 강서구 마곡에 지하 2층~지상 8층, 연면적 5만 7천146제곱미터 규모로 건립했으며, 매출 2조 원 돌파와 함께 수출 10억불탑을 수상하기도 했다. 이러한 일들이 모두 1년 사이에 이뤄졌다.

창녕 우포늪 옆에 18만 평, 중국 칭타오(青島)에 20만 평, 동유럽 체코에 20만 평의 회사 부지를 확보한 것은 그의 당대에 이룩한 신화 같은 기적이다. 넥센타이어는 계속해서 2차 증설을 준비하고 있다. 넥센타이어의 사세는 이제 부산·경남의 지역사회와 대한민국을 넘어 전 세계에까지 빛의 속도로 확산 중이다.

KNN 방송사

IMF라는 엄청난 여파 때문인지 기업마다 별반 여유자금이 없을 때였다.

그 무렵 한보철강 계열사인 구평동 어느 철강회사에서 강병중 회장에게 그 회사를 인수해 달라는 섭외가 들어왔고 강 회장도 어느 정도 관심을 보이는 듯 했다. 그러다 어느 날 갑자기 KNN 방송사를 인수했다. 공개입찰을 통해 지역의 여러 유명 기업과 경쟁을 한 끝에 가장 높은 금액을 써넣어 낙찰받게 된 것이었다.

KNN 방송사 인수 당시 채권단협의회의 주채권은행이던 부산은행은 특정 정당의 당적을 보유하고 있던 강 회장에게 매각을 하지 않으려고 공개입찰 방식을 선택했으나, 결국 그가 인수를 해서 방송사를 계속 성장시켜 나갔다.

강 회장은 KNN을 인수한 후 연산동 시대를 끝내고 센텀시티 시대를 열었다.

부산상공회의소 회장

부산상공회의소 회장이라는 공인으로서 강병중 회장의 모습을 보면 먼저 부산지역 경제의 이익을 위해서라면 물불을 가리지 않았다.

삼성자동차 부산 유치를 위해 이미 YS(김영삼)가 불가로 결재한 것을 알면서도 끈질기게 물고 늘어져 끝끝내 그것을 뒤집고 성사시키고야 말았다.

한국선물거래소 부산 유치 때는 당시 임 모 경제기획원 장관과 고성이 오가기도 했다. 누군가 경제기획원 과장으로 있던 그의 사위 신상 걱정을 하자, "사위는 사위고 나는 나"라는 말로 일축했다.

지역 경제에 도움이 된다면 정치적 지역 정서 같은 것은 고려하지 않고 여야를 넘나들었다.

그는 공과 사가 분명했다. 해외 출장을 가더라도 회사 일로 가는 것이냐 상공회의소 일로 가는 것이냐를 구분했고, 어느 곳에 화환을 보낼 때도 회사와의 관계 때문인지 상의와의 관계 때문인지를 확실히 했다.

당시만 해도 명절 때 상의 출입기자들에게 금일봉을 전달하는 관행이 있었는데, 그것도 반드시 사비로 지출했다.

그러니 강 회장의 판공비는 추경 한 번 올린 적이 없었고, 매년 증액하는 일이 없었을 뿐만 아니라 연말이 되어도 언제나 남아돌았다.

언젠가 몇 사람이 모인 자리에서 그가 "벤츠를 한 대 구입하긴 했는데, 주변 사람들의 눈총 때문에 타고 나오기가 겁이 나네." 하자, "아니, 부산상의 회장이 벤츠를 안 타면 누가 탈 겁니까?" 하고 이구동성으로 이야기했던 일도 그의 검소한 성품의 단면을 잘 보여주는 일화라 하겠다.

삼성자동차 유치 전쟁

부산은 YS의 정치 기반이라 YS가 야당으로 있는 동안 야도(野都)란 달갑지 않은 이름을 달고 살았다. 그런 YS가 대통령이 되었으니 이제 부산은 살판이 난 줄 알았다. 때마침 삼성이 자동차업계에 진출할 것이라 발표했고 당연히 부산으로 올 것이라 믿었다.

1994년 5월 부산상의 회장으로 취임한 강병중 회장과 회장단은 청와대에 인사 차 들렀는데 박재윤 경제수석이 면담을 기피하고 홍인길 총무수석이 삼성 불가 대통령 결재가 났다고 귀띔해 주었다. 배신감은 차치하고 이 일을 어찌해야 하나? 대통령 결재 사실을 발표하면 그것으로 끝이니 발표하기 전에 발버둥이라도 쳐봐야 했다.

강 회장과 회장단은 밤새워 초강경 탄원서를 작성했다. 만일 삼성자동차 부산 유치가 불발되면 부산 민심은 걷잡을 수 없이 돌아설 것이다, 부산시민은 YS를 배신자로 낙인 찍을 것이며 대대적인 YS 반대 집회가 열릴 것이다 등등이었다.

최형우 내무부장관의 측면 지원을 받아 또다시 박재윤 경제수석을 만나 탄원서를 제출하고 나오는데, 부산 부시장 출신 곽만섭 비서관이 "이미 결정된 것인데 왜 그렇게 야단스러우냐?"라고 했다. 강병중 회장이 발끈해서 "나, 상공회의소 회장 안 했으면 안 했지 이건 그냥 넘길 수 없다. 그동안 부산 시민이 YS에게 어찌 했는데 이럴 수가 있노?" 쩌렁쩌렁 고래고함이 터져 나왔다.

탄원서를 제출해놓고 내려와서 기다려보니 발표 예정 날짜가 지나가도 발표를 하지 않았다. 유치 전쟁은 그때부터 불이 붙었다. 강 회장 주도 하에 언론과 시민단체, 유관기관 모두 일사분란하게 총공세를 퍼붓고 부산역 광장에서는 삼성자동차 유치 시민 궐기대회가 열렸다.

어느 신문 시사만화는 펄펄 끓는 가마솥 옆에 주방장 모자를 쓴 YS가 서 있고, 부산시민이란 개는 삼성자동차 뼈다귀를 물고 도망가는데 몽둥이를 든 김철수 상공부장관이 뒤쫓아가는 장면으로 상황을 묘사했다. 시민단체에서는 YS 규탄 포스터 수천 장을 만들어 온 시내 골목마다 붙이겠다고 으름장을 놓았다.

청와대와 민자당에서는 이 모든 배후에 강병중 회장이 있다고 봤다. 문정수 민자당 사무총장은 왜 상의에서 그렇게 부추기느냐고 전화를 하기도 했다.

강 회장은 유치추진단 회의 때 문정수, 김운환 두 국회의원을 참석케 했는데 그 자리에 참석한 시민단체 대표가 섬찟한 YS 규탄 포스터를 내놓으며 그것을 인쇄해서 골목마다 붙이겠다고 했다. 두 의원은 그것을 가져가면서 잠깐만 기다려 달라 했다.

녹산공단에 삼성자동차가 들어선 것은 YS와 강병중의 오랜 줄다리기 끝에 이루어진 산물이라 해도 과언이 아닐 것이다.

그야말로 만시지탄이다. YS 초기에 허가가 났더라면 지금의 르노삼성 같은 저 모양 저 꼴로 만들었을까?

한국선물거래소 유치 비화

선물거래소 부산 유치는 서울과 부산이 맞붙어 싸워 부산이 이긴 결과였다. 참으로 아이와 어른 간의 한판 씨름이나 다름없었다.

1997년 한국선물거래소 설립준비단은 서울 여의도에 이미 사무실을 확보하고 출범을 한 상태였다. '저것을 어떻게 부산으로 끌어온다?' 강병중 부산상의 회장은 그 문제를 두고 고심에 고심을 거듭했다.

강 회장은 우선 여기저기 밑밥부터 던졌다. 정치권과 행정부의 영향력 있는 관계자들이 부산에 오면 "지나친 서울 집중을 억제하고 균형 발전을 해야 한다. 특히 정부의 경제개발계획대로 부산을 금융중심지로 육성해 부산을 경제수도로 키워야 한다. 그러기 위해 신설되는 한국선물거래소는 반드시 부산으로 와야 한다"는 점을 누누이 강조했다.

1997년 12월 대통령 선거를 앞두고 강 회장은 유력 입후보자들로 하여금 부산상의를 방문케 했다. 그래서 먼저 방문한 DJ(김대중)에게 한국선물거래소 부산 설립을 대선 공약으로 약속 받았다. 그리고 신한국당에 연락하여 그 사실을 알린 다음 부산상의를 방문한 이회창 후보로 하여금 똑같은 공약을 약속 받았다.
누가 되든 강 회장은 그 약속을 비빌 언덕으로 삼은 것이다. 하지만 대선 공약에도 불구하고 상황은 만만치 않았다.

설립준비단에서는 부산에 못 가는 첫째 이유로 사무실 문제를 들었다. 서울에 이미 무상 제공된 사무실이 있는 반면, 부산에 새로 사무실을 확보할 재원은 없다는 것이다.

강병중 회장은 고심 끝에 부산상의 건물에 산재해 있는 13개 부서를 7층 한곳으로 모으고 2개 층을 비워 선물거래소에 제공하기로 하고 실행에 옮겼다.

그러자 이번에는 설립준비단에서 광케이블 통신 장애 때문에 부산 설립이 불가하다고 했다. 하지만 그 정보를 사전에 입수한 부산상의에서는 한국통신공사로 하여금 광케이블 통신 장애가 없다는 확인서를 미리 받아놓았다.

이 핑계 저 핑계만 대며 대선 공약을 왜 미루느냐? 강 회장이 DJ정부 실세들을 뻔질나게 찾아다니자 신한국당 부산시지부(지부장 김진재)에서는 강 회장의 친여당 행보를 규탄하는 성명서를 신문광고란에 싣겠다며 옥신각신하기도 했다.

끈질기게 선물거래소 부산 유치를 성사시켰기에 망정이지 실패했더라면 강병중 회장의 입장이 얼마나 난감했을 것인가?

생각해보면 삼성자동차와 선물거래소 유치 전쟁은 그야말로 백척간두에서 싸운 전쟁이나 다를 바 없었다.

옆에서 보는 사람들은 아슬아슬했다. 한 발짝만 왼쪽으로 내디디면 지역 정서에 뭇매를 맞고 한 발짝만 오른쪽으로 내디디면 정권의 철퇴를 맞을 판이다. 그 와중에 강병중 회장은 지역

경제의 이익 챙길 것을 다 챙기고, 그 험한 정치판에 휘말리지도 않고 잘 헤쳐 나왔다.

지방세 5배 중과 폐지

1970년대의 부산은 한때 전국 수출의 25%를 차지할 정도로 신발, 합판, 섬유 등 산업 전반에 걸쳐 활기가 있었다. 또 농촌 인구의 유입 등으로 인구도 매년 5~6%에서 11%(1974년)까지 증가하고 있었다. 그러니 정부에서는 수도권의 팽창뿐만 아니라 부산 등 지방 대도시의 확장도 규제할 필요를 느꼈을 것이다.

그래서 생겨난 것이 1973년부터 시행된 지방세 5배 중과 제도이다. 이 제도는 법인 기업이 부산 등 지방 대도시에 공장을 신설, 증설하거나 지점 또는 분사무소를 설치할 때, 그리고 공장 이전에 따른 부동산을 취득할 때 내야 하는 취득세와 등록세를 양산이나 김해 등 다른 중소도시에 비해 무려 5배나 중과(重課)하는 제도였다.

예컨대 10억짜리 공장을 양산에 지을 때 내야 할 세금이 2천만 원이라면, 부산에 지으면 1억 원을 내야 했다. 그러니 누가 부산에 공장을 지으려 하겠는가?

이후 부산 산업은 급속히 쇠락의 길을 걷기 시작했고, 부산 인구도 1991년 389만 명을 정점으로 매년 감소 추세였는데, 이 제도를 아무리 고쳐달라 건의해도 정부는 요지부동이었다.

그러던 어느 날 부산관광협회 김필곤 회장(아리랑관광호텔 대표)이 부산상의로 강 회장을 찾아와서 "공업배치 및 공장설립에 관한 법률시행령"을 펼쳐 놓으면서 이것이 부산 경제를 죽이는 천하 악법이라며 제발 이 올무에서 벗어날 수 있도록 정부에 건의해달라고 했다. 때마침 그 다음 해는 대통령 선거가 있던 해였고, 부산의 정치 좌장인 최형우 장관이 그 문제의 주무부처인 내무부장관으로 있었을 뿐만 아니라 그 아래 김기재 차관보도 부산 출신이었다.

강 회장은 상근부회장인 필자에게 그 일을 맡겼다. 필자가 생각해보니 지방세 업무를 관장하는 내무부 세제담당관실의 세제담당관은 옛날 부산시 기획담당관실에 근무했던 권강웅 씨였고, 또 재정국장은 부산시 재무국장을 지낸 이시종 씨(청주시장, 국회의원)였으니, 이런 황금인맥이 어디 또 있겠는가?

급히 실무자를 불러 회장님의 지시라며 건의서를 올리라 하자, "이 문제는 수도 없이 건의했는데, 또 건의해봐야 소용 없을 낀데예?"라는 것이 아닌가. "이 사람아! 되고 안 되고는 다 때가 있는 기라. 두고 봐라. 이번에는 꼭 될 끼다."

이렇게 하여 1996년 8월 21일, 드디어 부산, 대구 등 대도시에 대한 지방세 5배 중과가 해제되었다.

당시 부산상의 회원 업체에서 피부로 느낀 지방세 5배 중과 해제의 혜택은 삼성자동차 유치나 선물거래소 유치보다 결코 덜 하지 않았을 만큼 대단했다.

기장군 부산 편입 이면 활동

1997년 김영삼 대통령의 임기 말, 기장군 번영회를 중심으로 한 기장지역 주민들이 기장군을 부산시에 편입시켜 달라는 진정서를 청와대를 비롯한 내무부 등 관계 요로에 제출했다.

기장주민의 생활권이 양산보다는 부산이 더 가깝다는 이유에서였다. 법원 관할도 부산지법 동부지원일 뿐 아니라 아이들 학교 문제, 상수도 문제 등 부산 편입의 당위성이 하나하나 나열되어 있었다.

이 문제는 받으려는 부산시와 주지 않으려는 경남도 간의 대결국면으로 들어갔다. 시와 도 간의 대결에서 시와 도 출신 국회의원들 간의 싸움으로 번지자, YS는 부산시와 경남도는 물론 관할 여당 소속 국회의원들에게도 함구령을 내려 입도 벙끗 못 하게 했다.

1998년 7월 민선 2기 부산시장으로 취임한 안상영 시장은 부산상의 강병중 회장에게 전화를 걸어 이 문제에 부산시가 나설 수 없는 사정을 설명하고 부산 상공인들이 나서 달라고 요청했다.

강 회장은 무슨 일이든 하겠다고 마음먹으면 물불 안 가리는 성격이라 그때부터 관계 요로를 휘젓고 다녔다.

안 시장이 강 회장에게 협조를 요청한 사실을 알지 못하는 당시 모 부시장은 행정구역 변경 문제에 왜 부산상의에서 나서느냐며 못마땅해하는 전화를 하기도 하는 등 기장지역 부산 편입 문제는 우여곡절이 아주 많았다.

칭다오(靑島) 직항로 개설

부산상공회의소는 부산에 있는 기업체뿐만 아니라 외국에 나가 있는 부산 연고 기업체의 현안, 애로사항에 대해서도 관심을 가지고 해결하기 위해 노력해야 한다.

1990년부터 2000년 전후의 중국은 해외로 진출하고자 하는 우리 기업들에게 상당히 매력적인 곳이요, 기회의 땅이었다. 그중에서도 다롄(大連)에는 일본기업, 칭다오(靑島)에는 한국기업들이 집중적으로 진출하고 있었다.

2000년 전후 칭다오에 진출한 부산, 경남지역 연고 기업의 업체 수는 약 400개에 이르렀고 2002년에는 부산 상공인들을 위한 약 60만 평의 전용공단도 만들었다. 그 업체들의 가장 큰 애로사항은 부산-칭다오 간의 직항노선이 없어, 반드시 인천공항을 경유해야 한다는 점이었다.

강병중 회장은 이 문제를 해결하고 싶었다. 대한항공, 아시아나항공과 여러 차례 부산-칭다오 직항로 개설을 협의했지만 채산성 문제로 불가 입장이었다.

그러던 1999년 12월 어느 날, 투자설명회를 위해 부산상의를 찾은 칭다오시의 자오즈빈 경제부시장에게 강 회장은 부산-칭다오 간 직항로 개설을 중국 측에서 추진하여 줄 것을 당부하면서, 이 문제만 성사되면 구태여 투자설명회를 않더라도 부산 기업의 칭다오 진출은 물론 골프 동호인들과 관광객들도 급격히 늘어날 것이라 했다.

직항로 개설을 제일 먼저 건의했던 삼호산업 박연구 회장(당시 상공회의소 상임의원)과 김병춘 세원기업 대표도 자신이 운영하는 공장이 있던 칭다오 현지에서 관계 요로를 찾아다니며 많은 노력을 기울였다.

자오즈빈 부시장이 다녀간 지 6개월 후인 2000년 6월 16일, 칭다오를 출발하여 김해공항에 처음 취항한 중국 동방항공 여객기에는 왕자루이 칭다오 시장이 타고 있었다.

이렇게 개설된 부산-칭다오 간 직항로는 처음부터 부산상공회의소의 추진으로 성사된 것이라 왕자루이 시장은 부산시보다 부산상의를 먼저 방문했고, 부산상의 건물 벽면에는 '경축 칭다오 직항로 개설', '칭다오의 날'이라는 내용의 현수막 두 개가 걸렸다.

중국 측 동방항공에서 선수(先手)를 치자 대한항공과 아시아나항공도 허둥지둥 서둘러 동참하였고, 이후 부산-칭다오 간 직항 여객기는 더욱 늘어나게 되었다.

회관 관리와 인력 감축

강병중 회장의 또 하나 업적은 부산상의의 먼 장래를 대비해 내실을 다진 것이다. 그때까지 부산상의는 너무나 방만하게 운영되고 있었다. 조직 내 13개 부서가 모두 별도의 사무실 하나씩을 차지하고 있어 그 큰 건물을 가지고도 매년 적자 운영을 면치 못했다. 그러니 회관을 지으면서 진 10억 원의 부채가 매년 늘어나는 것은 큰 골칫덩어리였다. 뿐만 아니라 선물거래소를 유치하면서 상의 건물 2개 층을 무상 제공하기로 하였으니, 건물 관리 면에서의 적자 폭은 엄청나게 늘어날 것이 자명하였다.

강 회장은 고민고민 하다가 직원 모두를 7층 한곳으로 모았다. 중간에 설치된 칸막이벽을 다 뜯어내고 7층 전체를 하나의 공간으로 만든 것이다.

이렇게 탁 트인 공간으로 만들고 나니 직원들의 업무 분위기도 일신되었다. 이전에는 부서마다 하나씩 별도의 사무실을 사용하고 있다 보니 근무시간 중 신문을 보거나 잡담을 하며 노닥거리는 직원들도 간혹 있었지만, 이제는 개방된 공간이라 그럴 분위기가 아니었다.

무엇보다도 사무실 통합으로 생긴 여유 공간을 임대하고 1층의 넓은 빈 공간에 국민은행 상의지점을 개점하고 보니, 선물거래소에 2개 층을 제공하고도 상의회관의 관리·운영이 매년 적자에서 흑자로 돌아섰고, 10억 원의 부채도 말끔히 다 갚을 수 있었다. 그러자 의원총회에서 박수가 터져 나왔다.

1994년 강 회장이 상의회장으로 취임할 때 상의 직원은 총 172명이었다. 당시 회비 수입은 매년 감소하고 있는데 직원들의 보수는 계속 증가하고 있었으니, 이런 추세가 계속되면 앞길이 너무 암담했다. 불가피하게 인력 감축이라는 방법을 떠올렸지만, 그것은 여러모로 너무나 힘든 일이라 망설이고 또 망설였다. 그러나 어차피 누군가는 이 난관을 돌파해야 한다고 생각해서 인력 감축을 시작하게 되었고, 과정은 너무나 힘들었으나 결과는 기대 이상이었다.

당초 172명에서 70명으로 감축하였는데, 직원 감축으로 인한 업무 차질이 없도록 팀제를 도입하였다. 실장과 부장을 팀장으로 하고, 차장, 과장을 결재자가 아닌 실무자로 돌리니 일하는 직원은 오히려 늘어났다.

그 과정에서 강 회장은 온갖 곤욕을 다 치렀지만, 그때 그 인력 감축이 없었다면 부산상의는 두고두고 엄청난 적자 운영을 면할 수 없었을 것이다.

월석(月石)의 노익장

여든을 넘긴 월석 강병중 회장의 노익장은 지금도 지칠 줄을 모른다. 그동안 그가 이끌어온 넥센타이어는 금호타이어를 추월, 쾌속 질주하고 있다.

서울에 연면적 1만 7천 평 규모의 거대한 컨트롤타워를 두고 창녕에 18만 평, 중국에 20만 평, 동유럽에 20만 평 등 세계 곳곳에 산재한 생산과 판매망을 컨트롤하고 있다.

이런 추세라면 북미대륙을 향한 그의 꿈이 이루어질 날도 멀지 않았으리라. 그의 원대한 꿈은 앞으로도 쉬지 않고 펼쳐질 것이다.

월석은 회사 경영에도 열정적이지만 부·울·경 동남권 개발 문제에도 큰 관심과 노력을 기울이고 있다.

그의 지론에 의하면 오사카를 중심으로 한 관서(關西)지방과 도쿄를 중심으로 한 관동(關東)지방이 양대 축을 이루면서 균형적으로 발전하는 일본의 모습을 타산지석으로 삼아, 우리도 서울을 중심으로 한 수도권의 지나친 편중과 비대현상을 벗어나야 한다. 그대신 부산을 중심으로 한 부·울·경 동남권을 집중적으로 개발함으로써 국토를 양대 축으로 균형 발전시켜야 한다며, 기회가 있을 때마다 그의 오랜 소신을 주창(主唱)하고 있다.

강 회장은 2020년 동남권발전협의회 출범을 주도하고 공동대표를 맡아 부산·울산·경남의 광역연합을 추진하고 있다.

KNN이 매년 한 번씩 창원 컨벤션센터에서 열고 있는 동남권 발전포럼의 주제도 늘 지방분권과 동남권 개발문제다.

그는 지역경제계의 원로로서 부산의 빅이슈인 '2030 부산월드엑스포 범시민유치위원회' 공동위원장을 맡는 등 지역 발전을 위한 일에는 지난날 부산상공회의소 회장 때의 열정 그대로다.

월석의 만년(晩年)에 또 하나 애정을 쏟아붓는 일은 그 옛날 뿌리를 찾아서 청소년을 도와주는 것이다. 1975년 진주 이반성중학교 재단 이사장을 맡아 20년 이상 장학사업을 해왔으며, 1979년 모교인 진산초등학교가 이전할 때에는 학교 부지를 기증하고 교문 건립, 교육기자재 일체를 기증하기도 했다.

월석은 45년 오랜 기간 월석선도장학회, 월석문화재단 등에 매년 15억 원 정도의 장학사업을 비롯하여 다양한 지원을 통해 우리 사회의 미래를 위한 씨앗을 가꾸고 있다.

필(筆)을 놓으며

마치 무거운 짐을 지고 태산준령을
넘어온 기분이다.
우리 세대는 그동안 천지개벽,
무에서 유를 창조했는데 누군가에
의하여 폄하되고 왜곡되는 것을
그냥 두고 볼 수가 없었다.
내가 보고 듣고 느끼고 직접 체험한
것들을 기록으로 남기자.

그래서 6·25전쟁 그 국난의 시대에
마지막 보루가 되고 나라의 선진국
진입에 견인차 역할을 한 부산,
그 부산의 인물, 그 주역들의 행적부터
발굴해 정리해 두고 싶었다.

나는 1960년부터 지금까지 부산시와
부산상의, 그리고 문필의 세계

밑바닥에서 한평생을 살아왔으니
이 일은 내가 해야겠다는
소명의식 같은 것이 있었다.
그러나 막상 시작하고 보니 자료의
한계, 능력의 한계, 체력의 한계 등으로
용두사미가 되지 않았는지 두렵다.
모자라고 잘못된 부분이 있으면 추후
증보판을 낼 기회가 있을 때
보완하고 바로잡겠다.

졸저(拙著)의 첫머리에 과분한 추천의
글을 써준 허남식(전)부산광역시장께
감사드린다.
그리고 독서열이 떨어지고 코로나19가
기승을 부리는 이 난국에 출판을
결심해준 기록물 전문회사 미디어줌
박미화 대표가 너무 고맙다.

성병두의
부산시정야사

인물편

지은이 성병두
펴낸이 박미화
초판 1쇄 2021년 10월 1일

펴낸곳 미디어줌
총괄진행 박수정
기획·편집 안서현
편집디자인 박아림
교정·교열 진가록

주소 부산광역시 수영구 수영로 440
전화 051-623-1906 | **이메일** mediazoom@naver.com
등록번호 제 338-2510020090000003호
등록일자 2009년 4월 2일

ⓒ 성병두, 2021 ISBN 978-89-94489-54-4 03090

- 이 책은 저작권법에 따라 보호받는 저작물이므로 무단전재와 무단복제를 금하며, 이 책 내용의 전부 또는 일부를 이용하려면 반드시 저작권자와 도서출판 미디어줌의 서면 동의를 받아야 합니다.
- 책값은 뒤표지에 있습니다.
- 파본이나 잘못 만들어진 책은 구입하신 곳에서 교환해 드립니다.